高等职业教育建设工程管理类"新形态一体化"系列教材

建筑装饰工程计量与计价

主　编　郝　丽

副主编　慕彩萍

参　编　罗恒勇　刘　晓　范东利

机 械 工 业 出 版 社

本书编写以真实装饰装修项目案例为主线，以岗位工作流程为脉络，旨在使学生具备建筑装饰工程计量与计价的能力。本书包含两大项目，共计十个任务，分别是：建筑面积的计算，楼地面工程的计算，墙柱面工程的计算，天棚工程的计算，门窗工程的计算，油漆、涂料、裱糊工程的计算，其他工程的计算，措施项目的计算，编制工程量清单，工程量清单计价。

本书可作为职业教育建筑装饰工程技术专业、工程造价专业的教材。本书配套有微课视频、课程标准、授课计划、电子教案、电子课件、习题库等丰富的教学资源，凡选用本书作为授课教材的教师均可登录机械工业出版社教育服务网 www.cmpedu.com 免费下载。

图书在版编目（CIP）数据

建筑装饰工程计量与计价 / 郝丽主编. -- 北京：机械工业出版社，2025.7. -- (高等职业教育建设工程管理类"新形态一体化"系列教材). -- ISBN 978-7 -111-78746-4

Ⅰ. TU723.3

中国国家版本馆CIP数据核字第2025RK1372号

机械工业出版社（北京市百万庄大街22号　邮政编码100037）
策划编辑：王靖辉　　　　　　责任编辑：王靖辉　王华庆
责任校对：梁　园　张　薇　　封面设计：王　旭
责任印制：单爱军
中煤（北京）印务有限公司印刷
2025年8月第1版第1次印刷
184mm×260mm・11.25印张・240千字
标准书号：ISBN 978-7-111-78746-4
定价：45.00元（含工作簿、施工图）

电话服务　　　　　　　　　网络服务
客服电话：010-88361066　　机　工　官　网：www.cmpbook.com
　　　　　010-88379833　　机　工　官　博：weibo.com/cmp1952
　　　　　010-68326294　　金　书　网：www.golden-book.com
封底无防伪标均为盗版　　机工教育服务网：www.cmpedu.com

前　言

　　"建筑装饰工程计量与计价"是工程造价专业、建筑装饰工程技术专业的核心课程，是根据建筑装饰工程造价员的岗位能力需求设置的理论与实践一体化课程，旨在培养建筑装饰工程技术专业学生的计量与计价能力。该课程具有综合性、实践性、地域性、政策性及时效性等特点。

　　本书以建筑装饰工程计量与计价的能力培养为目标，打破原有学科体系，以识图、计量与计价的工作过程为教学主线，以工作任务为核心划分教学单元，重新设计课程架构。重点要求学生在熟悉建筑装饰工程的基本构造，掌握建筑装饰识图和施工工艺的基础上，能够进行建筑装饰工程工程量清单的编制；在熟悉全国统一或地区定额（计价定额、消耗定额）的说明、计算规则及使用方法的基础上，编制计价文件。

　　全书按三个模块编写，即课程导学、项目一　建筑装饰工程工程量计算、项目二　工程量清单文件编制。除课程导学部分介绍建筑装饰工程基础知识与课程学习方法之外，其余两个项目都按照工作过程设置工作任务，把识图、施工、材料、构造等相关学科知识融入相应的项目中。两个项目共包含十个任务，每个任务均设有相应任务的工作簿，工作簿以学习活动为模块，充分体现教材内容的实用性与职业性，以供学生实操。为帮助读者更好地学习和实践，本书配套了相应的图纸资源"港澳花园雅居室内设计施工图"，图纸与各任务内容紧密结合。本书以《建设工程工程量清单计价标准》（GB/T 50500—2024）《房屋建筑与装饰工程工程量计算标准》（GB 50854—2024）为编写依据。

　　本书由包头铁道职业技术学院郝丽担任主编，包头铁道职业技术学院慕彩萍担任副主编，宜宾职业技术学院罗恒勇、乌海职业技术学院刘晓、内蒙古东煜工程咨询有限公司范东利参加编写。具体编写分工如下：郝丽编写课程导学、项目一、项目二任务一、附录A、工作簿项目一；慕彩萍编写项目二任务二、附录B；罗恒勇编写工作簿项目二任务一；刘晓编写工作簿项目二任务二；范东利提供施工图。

　　本书的出版既有教学编写团队的努力，也有各位同行的中肯建议，更有出版社的大力支持。本书在编写过程中参阅了大量的文献和资料，在此对这些文献的作者和所有关心本书的同行及使用者深表谢意。由于诸多原因，书中难免存在疏漏和不足之处，欢迎读者批评指正。

编　者

目 录

课程导学

一、建筑装饰工程概述

建筑装饰工程是建筑工程的重要组成部分，建筑装饰工程计量与计价既是建筑工程计量与计价的重要组成部分，也是建筑工程招标投标文件的主要内容之一。随着物质文化生活水平的提高，人们更注重改善自己的生活和工作环境，因而建筑装饰工程就从一般土建工程中的一个分部工程发展成为一个崭新的、具有独立的设计文件、能独立组织施工并可以进行核算的单位工程。

建筑装饰工程，无论是项目建设中工程结构施工完成后所进行的装饰施工（即前装饰），还是在前装饰已完工或尚未装饰情况下所进行的再设计再装饰（即后装饰），均需投入大量的人力和物力，这些人力和物力的消耗如何恰当地用货币的形式加以体现，就是建筑装饰工程计量与计价所要解决的问题。建筑装饰工程计量与计价就是事先确定建设项目中建筑装饰工程从开工到竣工所需投入的活劳动，并物化劳动的价值及活劳动为社会新创造的价值，从而编制经济技术文件，也就是确定建筑装饰工程造价的经济技术文件。

课程导学

二、建筑装饰工程的分类

1. 按装饰部位分类

（1）内部装饰

内部装饰是指对建筑物室内所进行的建筑装饰，通常包括：

1）楼地面。

2）墙柱面、墙裙、踢脚线。

3）天棚。

4）室内门窗（包括门窗套、贴脸、窗帘盒、窗帘及窗台等）。

5）楼梯及栏杆（板）。

6）室内装饰设施（包括给排水与卫生设备，电气与照明设备，暖通设备、用具，家具以及其他装饰设施）。

内部装饰的主要作用：

1）保护墙体及楼地面。

2）改善室内使用条件。

3）美化内部空间，创造美观舒适、整洁的生活和工作环境。

（2）外部装饰

外部装饰也称为室外建筑装饰，通常包括：

1）外墙面、柱面、外墙裙（勒脚）、腰线。

2）屋面、檐口、檐廊。

3）阳台、雨篷、遮阳篷、遮阳板。

4）外墙门窗，包括防盗门、防火门、外墙门窗套、花窗、老虎窗等。

5）台阶、散水、落水管、花池（或花台）。

6）其他室外装饰（包括楼牌、招牌、装饰条、雕塑等外露部分的装饰）。

外部装饰的主要作用：

1）保护房屋主体结构。

2）保温、隔热、隔声、防潮等。

3）使建筑物更加美观，点缀环境，美化城市。

（3）环境装饰

环境装饰包括围墙、院落大门、灯饰、假山、喷泉、水榭、雕塑小品、院内绿化以及各种供人休闲小憩的凳椅、亭阁等。

2. 按装饰时间分类

（1）前期装饰

前期装饰也称为前装饰，是指建筑物在工程结构施工完成后，按照建筑设计装饰施工图所进行的室内、室外装饰施工（如内墙面抹灰，喷刷涂料，外墙面水刷石，贴面砖等）。前期装饰也分为一般装饰、普通装饰、传统装饰或粗装饰。

（2）后期装饰

后期装饰是指原房屋的前装饰已完工或尚未完工情况下，依据用户的某种使用要求，对建筑物或构筑物的局部或全部进行的室内、室外装饰工程。目前社会上泛称的装饰工程，多数是指后期装饰，也称为高级装饰工程或现代装饰工程。

三、学习方法及步骤

1. 实体工程量的计算

建筑装饰工程预算的编制步骤与方法同一般土建工程施工图预算的编制步骤与方法基本相似，其主要步骤如下：

（1）收集资料，摸清情况

在编制预算前，应收集编制预算所需要的各种资料，还要摸清甲方的意图和要求，装饰材料的堆放场地与施工地点的距离、运输条件等，以便确定是否计算材料二次搬运费和夜间施工增加费等。

（2）熟悉施工图内容，掌握设计意图

施工图是计算工程量、套用预算定额的主要依据，因此必须认真阅读以下内容：

1）墙柱面的标高和截面尺寸，装饰材料及做法，装饰部位与其他构件（如门窗、天棚、空调、灯具等）的联结处理措施，隔墙隔断的施工工艺等。

2）楼地面的各种装饰材料和施工尺寸（如大厅、餐厅、酒吧台、舞台、舞池、茶座席、客房、楼梯、栏杆、山水等不同要求）。

3）天棚的骨架、面板和构造。

4）门窗的类型及材料。

5）油漆、涂料、裱糊等的部位及要求。

6）室内装饰条、装饰线、装饰灯、装饰镜、装饰柜、吧台、柜台等的尺寸及做法要求。

（3）列分部分项工程量清单

按照不多列、不重复、不漏项的原则，列出分部分项工程量清单。

（4）计算实体工程量

工程量是以规定的计量单位（自然计量单位或法定计量单位）所表示的各分项（子项）工程或结构构件的数量，它是编制预算造价的主要基础数据。工程量的正确与否直接影响到预算造价的准确性。

在读通施工图的基础上，先阅读图样的总说明，再按照"计价规范"的编排顺序，对照图样的相关内容，阅读分部说明及工程量计算规则，选列项目计算实体工程量。

2. 工程量清单编制

分部分项工程量清单应满足工程计价的要求，同时还应满足规范管理、方便管理的要求。按照"统一项目编码、统一项目名称、统一计量单位、统一工程量计算规则"的原则编制工程量清单。

3. 工程量清单计价，最高投标限价编制

工程量清单计价是建设工程招标投标中，按照国家统一的工程量清单计价标准，由招标人委托具有资质的中介机构编制反映工程实体消耗和措施消耗的工程量清单，并作为招标文件的一部分提供给投标人，由投标人依据工程量清单，根据各种渠道所获得的工程造价信息和经验数据，结合企业定额自主报价的计价方式。

最高投标限价是招标人根据国家或省级、行业建设主管部门颁发的有关计价依据和办法，以及拟定的招标文件和招标工程量清单，结合工程具体情况编制的招标工程的最高投标价格。最高投标限价随招标文件一起发布。

四、项目教学目标

1. 使学生具备准确列项的能力

2. 使学生熟悉计算规则，具备结合施工图准确应用的能力

3. 使学生具备准确计算工程量的能力

4. 使学生具备编制工程量清单的能力

5. 使学生具备完成工程量清单计价的能力

本书以附图工程（港澳花园雅居）为主线，重点介绍建筑装饰工程手工算量的要领，达到快速、准确计算工程量的目的；围绕职业能力的形成，体现"做中教、做中学"的职业教育特色，以任务驱动的方式完成实际工作任务，培养学生的实际操作能力。

项目一 建筑装饰工程工程量计算

知识目标

1. 了解装饰工程列项要领，准确列项
2. 熟悉各分部分项工程计算规则
3. 掌握准确计算分部分项工程工程量方法和技巧

素养目标

1. 培养责任意识
2. 养成一丝不苟的学习态度和自觉学习的良好习惯
3. 培养科学严谨的工作态度
4. 加强团结协作、开拓创新的精神

项目概述

本项目依托案例工程，通过传统的手工算量方法进行工程量计算，主要通过熟读装饰工程图样，找到与各部分相对应的计算规则，利用计算规则所描述的计算方法进行工程量计算。因工程图样不可能包含装饰工程算量的所有部分，故除案例工程外，本项目还结合了案例工程未涉及的相应算量实例进行讲解与练习。

手工算量过程中，不同的预算人员会采用不同的算量顺序，一般情况下的装饰工程工程量计算顺序：建筑面积的计算→楼地面工程的计算→墙柱面工程的计算→天棚工程的计算→门窗工程的计算→油漆、涂料、裱糊工程的计算→其他工程的计算→措施项目的计算。

本项目以港澳花园雅居工程为主线，重点介绍装饰工程各部分手工算量的计算规则及其应用，达到准确计算装饰工程工程量的目的。围绕职业能力的形成，体现"做中教、做中学"的职业教育特色，以任务驱动的方式完成实际工作任务，培养学生的实际操作能力。

任务一 建筑面积的计算

一、任务准备

1. 课前准备

（1）设计说明

（2）图样：平面图

2. 知识点

（1）单层建筑物高度

单层建筑物高度是指室内地面标高至屋面板板面结构标高之间的垂直距离。对于以屋面板找坡的平屋顶单层建筑物，其高度指室内地面标高至屋面板最低处板面结构标高之间的垂直距离。净高是指楼面或地面至上部楼板底或吊顶底面之间的垂直距离。

（2）多层建筑物的层高

多层建筑物高度是指上下两层楼面结构标高之间的垂直距离。建筑物最底层的层高，有基础底板的是指基础底板上表面结构至上层楼面的结构标高之间的垂直距离；没有基础底板的是指地面标高至上层楼面结构标高之间的垂直距离。最顶层的层高是其楼面结构标高至屋面板板面结构标高之间的垂直距离，对于以屋面板找坡的屋面，层高是指楼面结构标高至屋面板最低处板面结构标高之间的垂直距离。

3. 术语解析

（1）建筑面积

建筑面积是指建筑工程楼地面处围护结构或围护设施外表面所围合的建筑空间的水平投影面积。

（2）自然层

自然层是指按楼面或地面结构分层的楼层。

（3）结构层高

结构层高是指楼面或地面结构完成面上表面至上层结构完成面上表面之间的垂直距离。

（4）结构净高

结构净高是指楼面或地面结构完成面上表面至上层楼面或地面结构完成面下表面之间的垂直距离。

（5）围护结构

围护结构是指围合建筑空间的墙体（柱）、门、窗等。

（6）围护设施

围护设施是指为保障安全而设置的栏杆、栏板等围挡。

（7）建筑空间

建筑空间是指以建筑界面限定的、供人们生活和活动的场所。

（8）地下室

地下室是指室内地平面低于室外地平面的高度超过室内净高的1/2的房间。

（9）半地下室

半地下室是指室内地平面低于室外地平面的高度超过室内净高的1/3，且不超过1/2的房间。

（10）架空层

架空层是指仅有结构支撑而无外围护结构的开敞空间层。

（11）设备层

设备层是指建筑物中专为设置暖通、空调、给水、排水、电气等的设备和管道以及施工人员进入操作的空间层。

（12）连廊

连廊是指位于地面连接不同建筑物首层之间的水平交通空间。

（13）架空走廊

架空走廊是指位于二层及以上楼层连接不同建筑物之间的水平交通空间。

（14）檐廊

檐廊是指建筑物挑檐下的水平交通空间。

（15）挑廊

挑廊是指挑出建筑物外墙的水平交通空间。

（16）落地橱窗

落地橱窗是指突出外墙面且根基落地的橱窗。

（17）凸（飘）窗

凸（飘）窗是指凸出建筑物外墙面的窗户。

（18）门斗

门斗是指建筑物入口处两道门之间的空间。

（19）门廊

门廊是指建筑物入口前有天棚的半围合空间。

（20）骑楼

骑楼是指建筑底层沿街面后退且留出公共人行空间的建筑物。

（21）过街楼

过街楼是指跨越道路上空并与两边建筑相连接的建筑物。

（22）露台

露台是指设置在屋面、首层地面或雨篷上的供人室外活动的有围护设施的平台。

（23）台阶

台阶是指联系室内外地坪或同楼层不同标高而设置的阶梯形踏步。

（24）建筑工程

建筑工程是指供人们进行生产、生活或其他活动使用、利用的房屋等建筑物、构筑物。

（25）门厅

门厅是指位于建筑物入口处，用于人员集散并联系建筑室内外的枢纽空间。

术语解析

二、任务实施

1. 计算规则

（1）计算建筑面积的一般规定

1）建筑工程计算建筑面积应同时满足以下必要条件：

① 其外围护结构、围护设施能够形成封闭或不完全封闭的建筑空间。

② 建筑空间结构层高在 2.20m 及以上，非水平面结构净高在 2.10m 及以上。

③ 建筑空间能够通过水平或垂直交通空间正常出入。

2）建筑工程建筑面积应按各自然层楼面或地面处围护结构外表面的水平面积之和计算；无围护结构的，以围护设施外表面的水平面积之和计算。

3）建筑工程在规划、设计、施工、预售等未竣工阶段，建筑面积应按建筑设计图样尺寸计算；竣工后，建筑面积应通过实地测量获取。

4）建筑面积计算过程中，尺寸单位为米保留三位小数；建筑面积单位

建筑面积解析 1

为平方米保留两位小数。

（2）计算建筑面积的具体规定

1）建筑物内设有局部楼层的，如图1-1所示，局部楼层的二层及以上楼层，有围护结构的应按其围护结构外表面水平面积计算全面积；有围护设施的应按其围护设施外表面水平面积计算1/2面积。结构层高在2.20m及以上的，应计算面积；结构层高在2.20m以下的，不计算面积。

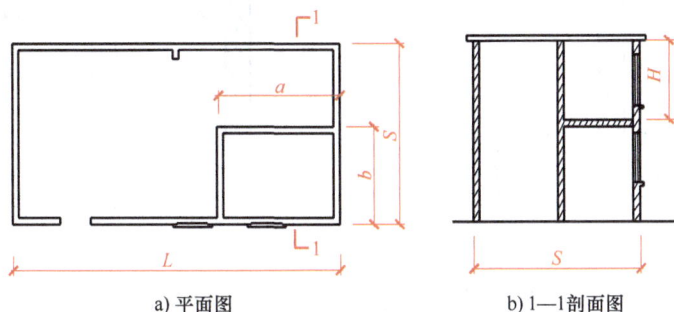

a) 平面图　　　　　　b) 1—1剖面图

图1-1　建筑物内设有局部楼层

2）建筑物楼面、地面、顶面为斜面、曲面等非水平面的，有围护结构的应按其围护结构外表面水平面积计算全面积；有围护设施的应按其围护设施外表面水平面积计算1/2面积。结构净高在2.10m及以上的部位，应计算面积；结构净高在2.10m以下的部位，不计算面积。

3）场馆看台下的建筑空间，有围护结构的应按其围护结构外表面水平面积计算全面积；室内单独设置的有围护设施的悬挑看台，应按其围护设施外表面水平面积计算1/2面积；有顶盖无围护结构的场馆看台应按其顶盖水平投影面积计算1/2面积。结构净高在2.10m及以上的部位，应计算面积；结构净高在2.10m以下的部位，不计算面积。

4）地下室、半地下室，应按其围护结构外表面水平面积计算建筑面积。结构层高在2.20m及以上的，应计算全面积；结构层高在2.20m以下的，不计算面积。

5）出入口坡道如图1-2所示，对于有顶盖的部位，应按其围护设施外表面水平面积计算建筑面积。结构净高在2.10m及以上的，应计算1/2面积；结构净高在2.10m以下的，不计算面积。

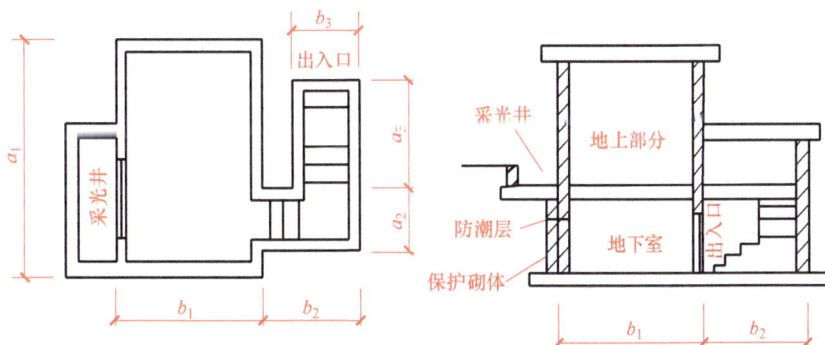

图1-2　出入口坡道

6）建筑物架空层，如图1-3所示，应按其围护设施外表面水平面积计算建筑面积。结构层高在2.20m及以上的，应计算全面积；结构层高在2.20m以下的，不计算面积。

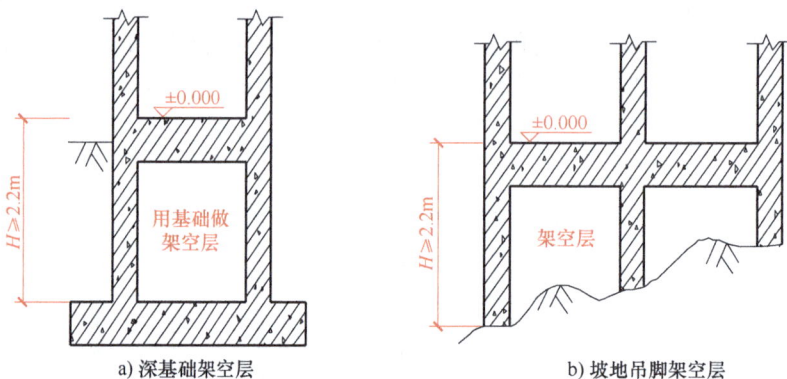

a）深基础架空层   b）坡地吊脚架空层

图1-3　建筑物架空层

7）建筑物的门厅、大厅按一层计算建筑面积。结构层高在2.20m及以上的，应计算全面积；结构层高在2.20m以下的，不计算面积。

8）建筑物间的架空走廊、连廊，有围护结构的应按其围护结构外表面水平面积计算全面积；有围护设施的应按其围护设施外表面水平面积计算1/2面积。结构层高在2.20m及以上的，应计算面积；结构层高在2.20m以下的，不计算面积。

9）立体车库等无结构层的应按一层计算建筑面积，有结构层的应按其结构层面积分别计算建筑面积。有围护结构的应按其围护结构外表面水平面积计算全面积；有围护设施的应按其围护设施外表面水平面积计算1/2面积。结构层高在2.20m及以上的，应计算面积；结构层高在2.20m以下的，不计算面积。

建筑面积解析2

10）有围护结构的舞台灯光控制室，应按其围护结构外表面水平面积计算建筑面积。结构层高在2.20m及以上的，应计算全面积；结构层高在2.20m以下的，不计算面积。

11）附属在建筑物外墙以外的落地橱窗应按其围护结构外表面水平面积计算建筑面积。结构层高在2.20m及以上的，应计算全面积；结构层高在2.20m以下的，不计算面积。

12）窗台与室内楼面或地面高差在0.40m以下且结构净高在2.10m及以上的凸（飘）窗，应按其围护结构外表面水平面积计算建筑面积。窗台与室内楼面或地面高差在0.15m及以下的，应计算全面积；窗台与室内楼面或地面高差在0.15m以上、0.40m以下的，应计算1/2面积。

13）有围护设施的挑廊、檐廊、走廊、通道，如图1-4所示，应按其围护设施外表面水平面积计算建筑面积。结构层高在2.20m及以上的，应计算1/2面积；结构层高在2.20m以下的，不计算面积。

14）门斗应按其围护结构外表面水平面积计算建筑面积。结构层高在2.20m及以上的，应计算全面积；结构层高在2.20m以下的，不计算面积。

15）门廊、有柱雨篷应按其围护设施外表面水平面积计算建筑面积。结构层高在2.20m及以上的，应计算1/2面积；结构层高在2.20m以下的，不计算面积。

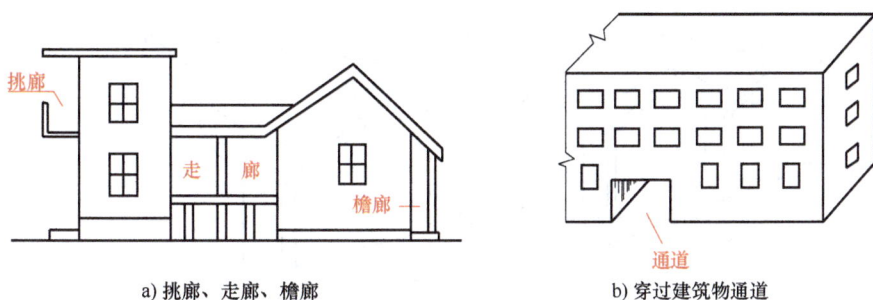

a) 挑廊、走廊、檐廊　　　　　　　　b) 穿过建筑物通道

图 1-4　挑廊、檐廊、走廊、通道

16）建筑物凸出顶部的楼梯间、水箱间、电梯机房等，应按其围护结构外表面水平面积计算建筑面积。结构层高在 2.20m 及以上的，应计算全面积；结构层高在 2.20m 以下的，不计算面积。

17）围护结构不垂直于水平面的，围护结构为曲面或变截面的，结构净高在 2.10m 及以上的部位，应计算全面积；结构净高在 2.10m 以下的部位，不计算面积。

18）建筑物的提物井、管道井、通风排气等竖井，电梯井、烟道及室内楼梯（间），应并入建筑物的自然层、设备层、转换层、避难层、局部楼层计算建筑面积。有顶盖的采光井应按一层计算建筑面积，结构层高在 2.20m 及以上的，应计算全面积；结构层高在 2.20m 以下的，不计算面积。

19）室外楼梯应并入所依附建筑物自然层，并按其水平投影面积计算建筑面积。结构层高在 2.20m 及以上的，应计算 1/2 面积；结构层高在 2.20m 以下的，不计算面积。

20）阳台（图 1-5）、入户花园等，有围护结构的应按其围护结构外表面水平面积计算全面积；有围护设施的应按其围护设施外表面水平面积计算 1/2 面积。结构层高在 2.20m 及以上的，应计算面积；结构层高在 2.20m 以下的，不计算面积。

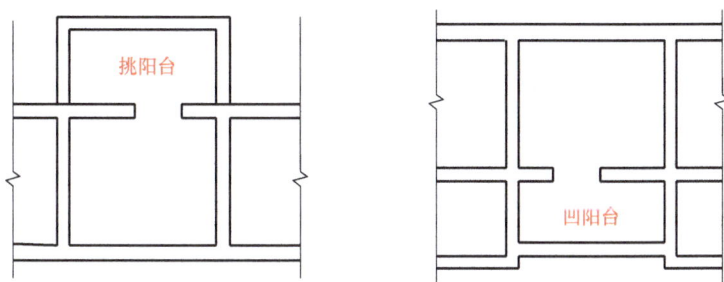

图 1-5　阳台

21）车棚（图 1-6）、货棚等，有围护结构的应按其围护结构外表面水平面积计算全面积；无围护结构的应按其顶盖水平投影面积计算 1/2 面积。结构层高在 2.20m 及以上的，应计算面积；结构层高在 2.20m 以下的，不计算面积。

22）建筑物内的变形缝，应按其自然层、设备层、转换层、避难层、局部楼层，合并在建筑物建筑面积内计算；对于高低联跨的建筑物，当高低跨内部连通时，其变形缝应在低跨建筑物建筑面积内计算。

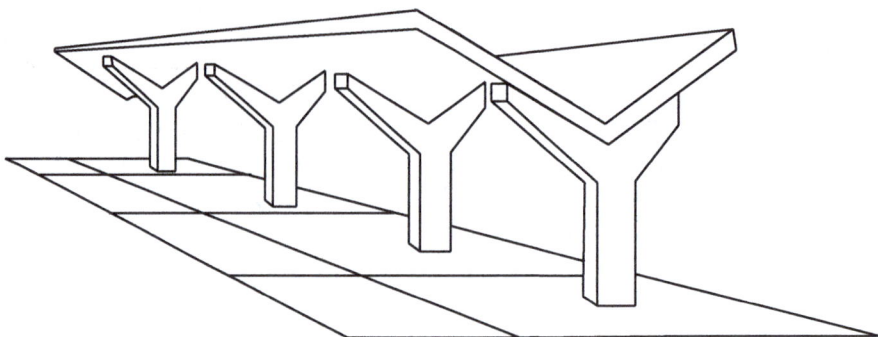

图 1-6　车棚

23）建筑物的其他建筑空间，有围护结构的，结构层高 2.20m 及以上的，应按其围护结构外表面水平面积计算全面积；有围护设施的，结构层高 2.20m 及以上的，应按其围护设施外表面水平面积计算 1/2 面积。

24）下列建筑物、建筑物部位、构筑物不应计算面积：

① 与建筑物内不相连通的建筑部位。

② 骑楼、过街楼底层公共通行空间、通道。

③ 舞台及后台悬挂幕布和布景的天桥、挑台等。

④ 露台、露天游泳池、花架、屋顶的水箱、装饰性构件。

⑤ 建筑物内的操作平台、上料平台，安装箱、罐的平台。

⑥ 台阶、无柱雨篷、空调室外机搁板（箱）、爬梯。

⑦ 窗台与室内地面高差在 0.45m 以下且结构净高在 2.10m 以下的凸（飘）窗，窗台与室内地面高差在 0.45m 及以上的凸（飘）窗。

⑧ 建筑物以外的地下人防通道，独立的烟囱、烟道、地沟、油（水）罐、气柜、水塔、贮油（水）池、贮仓、栈桥等构筑物。

建筑面积解析 3

2. 项目列项

本工程应列项目为：建筑面积。

3. 据图算量

本工程按照《建筑工程建筑面积计算规范》（以下简称计算规范），层高 2.80m，应套用计算建筑面积的一般规定，建筑面积 $S = 12.220 \times 13.950 - 0.120 \times (3.070 + 0.200 + 3.550 + 0.240) - [3.550 + 0.240 - (3.550 - 2.590 + 2.160 + 0.240)] \times (1.350 + 0.240) - [3.550 + 0.240 - (3.550 - 2.590 + 2.160 + 0.240)] \times 1.260 - (0.980 - 0.470) \times 1.260 - [3.550 + 0.240 - (3.550 - 2.590 + 2.160 + 0.240)] \times (4.120 + 0.240 + 0.200) - \{12.220 - 11.350 - [3.550 + 0.240 - (3.550 - 2.590 + 2.160 + 0.240)]\} \times (13.950 - 0.240 - 5.160 - 0.250) - (0.230 + 1.170 + 1.010) \times 1.250) \, \mathrm{m}^2 = 159.13 \mathrm{m}^2$

三、知识拓展

工程量基数"三线一面"，其中的"面"是指建筑物的底层（不含阳台）建筑面积 $S_底$，$S_底$ 在统筹法计算原理中是计算楼地面、天棚及屋面工程量的重要基数。但是，在工程量实际计算中，$S_底$ 只适用于建筑物上下各楼层面积相等前提下的相关工程量计算。当上下各楼层面积不相等时，就要分层计算出该建筑物不同楼层的建筑面积（并注明层数），以备相关工程量计算时利用。

说明：建筑物的底层建筑面积 $S_{底}$，不同于平整场地中的"首层面积"，前者为建筑物外墙勒脚以上的外围面积，后者还包括落地阳台及地下室出入口的面积。

任务二　楼地面工程的计算

子任务一　楼地面工程的计算——楼地面、楼梯

一、任务准备

1. 课前准备

（1）设计说明

（2）图样：楼地面铺装图

2. 知识点

（1）楼地面的一般构造

楼地面的一般构造如图 1-7 所示。

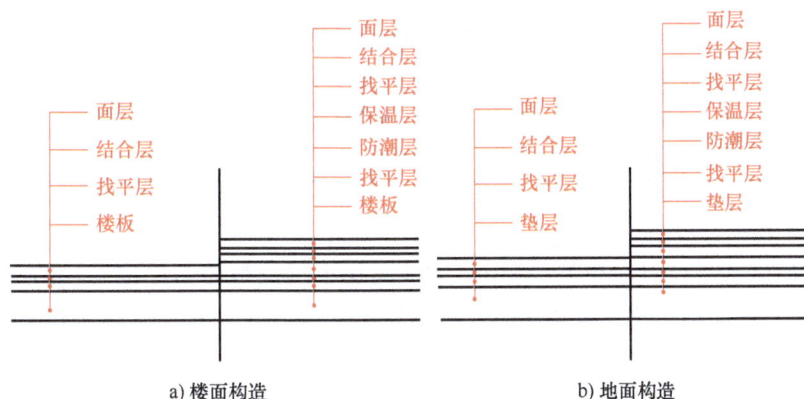

a) 楼面构造　　　　　　　　　　b) 地面构造

图 1-7　楼地面的一般构造

（2）净面积

净面积是指室内净长与净宽之积。

（3）楼梯井

楼梯井是指楼梯两跑之间转弯时结构设计的空隙。

地面铺设　　　楼地面构造、列项

整体、块料楼地面

二、任务实施

1. 计算规则

（1）计算楼地面工程量的规定

1）楼地面找平层及整体面层按设计图示尺寸以面积计算。扣除凸出地面构筑物、设备基础、室内铁道、地沟等所占面积，不扣除间壁墙及单个面积 $\leqslant 0.3m^2$ 的柱、垛、附墙烟囱及孔洞所占面积。门洞、空圈、暖气包槽、壁龛的开口部分不增加面积。

2）块料面层、橡塑面层及其他材料面层按设计图示尺寸以面积计算。门洞、空圈、暖气包槽、壁龛的开口部分并入相应的工程量内。

3）石材拼花按最大外围尺寸以矩形面积计算。有拼花的石材楼地面，按设计图示面积扣除拼花的最大外围矩形面积计算。

（2）计算楼梯工程量的规定

楼梯面层按设计图示尺寸以楼梯（包括踏步、休息平台及宽度≤500mm的楼梯井）水平投影面积计算。楼梯与楼地面相连时，算至梯口梁侧边沿；无梯口梁者，算至最上一层踏步边沿加300mm。

楼梯

2. 项目列项

本工程楼地面工程列项见表1-1。

表1-1　楼地面工程列项

序号	子目名称
1	水泥砂浆找平层（全屋）
2	300mm×300mm 灰色防滑地砖（主卫）
3	300mm×300mm 灰色防滑地砖（客卫）
4	1200mm×150mm 实木复合地板（书房）
5	1200mm×150mm 实木复合地板（主卧、衣帽间）
6	1200mm×150mm 实木复合地板（次卧）
7	800mm×800mm 灰色抛光地砖（餐厅、走廊、客厅）
8	800mm×800mm 灰色抛光地砖（厨房）

3. 据图算量

1）水泥砂浆找平层（全屋），应用"楼地面找平层及整体面层按设计图示尺寸以面积计算。扣除凸出地面构筑物、设备基础、室内铁道、地沟等所占面积，不扣除间壁墙及单个面积≤$0.3m^2$的柱、垛、附墙烟囱及孔洞所占面积。门洞、空圈、暖气包槽、壁龛的开口部分不增加面积"的计算规则，水泥砂浆找平层（全屋）工程量计算见表1-2。

表1-2　水泥砂浆找平层（全屋）工程量计算

序号	名称	单位	计算式	工程量
1	水泥砂浆找平层（全屋）	m²	4.12×1.83+1.86×1.87+（2.21-1.87-0.24）×（0.89+0.13-0.15）+6.3×4.67-1.15×（2.7+0.24）+4.42×（0.91+1.46+1.06-0.15）+1.35×（2.01+0.87+0.44+4.67-2.7+0.13+0.89）+0.9×0.89+1.190×5.55+（3.44-1.19）×（1.85+0.43-0.15）+0.2×0.77+0.87×0.2+1.46×0.2+（4.42-0.61-2.36）×0.15+0.85×0.2+0.87×0.2+0.24×（0.89+0.13-0.15）	73.75

2）300mm×300mm 灰色防滑地砖（主卫）、300mm×300mm 灰色防滑地砖（客卫）、1200mm×150mm 实木复合地板（书房）、1200mm×150mm 实木复合地板（主卧、衣帽间）、1200mm×150mm 实木复合地板（次卧）、800mm×800mm 灰色抛光地砖（餐厅、走廊、客厅）、800mm×800mm 灰色抛光地砖（厨房），应用"块料面层、橡塑面层及其他材料面层按设计图示尺寸以面积计算。门洞、空圈、暖气包槽、壁龛的开口部分并入相应的面层面

积"的计算规则，楼地面面层工程量计算见表 1-3。

表 1-3　楼地面面层工程量计算

序号	名称	单位	计算式	工程量
2	300mm×300mm 灰色防滑地砖（主卫）	m²	4.12×1.83	7.54
3	300mm×300mm 灰色防滑地砖（客卫）	m²	1.86×1.87+(2.21-1.87-0.24)×(0.89+0.13-0.15)	3.57
4	1200mm×150mm 实木复合地板（书房）	m²	5.61×3.05	17.11
5	1200mm×150mm 实木复合地板（主卧、衣帽间）	m²	4.56×3.55+1.2×3.55+1.76×0.2+1.35×(3.55-2.59+2.16)+1.5×(3.55-2.59+2.16-1.28-0.52)	26.99
6	1200mm×150mm 实木复合地板（次卧）	m²	4.56×3.07+1.2×3.07+1.55×0.2	17.99
7	800mm×800mm 灰色抛光地砖（餐厅、走廊、客厅）	m²	6.3×4.67-1.15×(2.7+0.24)+4.42×(0.91+1.46+1.06-0.15)+1.35×(2.01+0.87+0.44+4.67-2.7+0.13+0.89)+0.9×0.89	49.86
8	800mm×800mm 灰色抛光地砖（厨房）	m²	1.190×5.55+(3.44-1.19)×(1.85+0.43-0.15)	11.40

三、知识拓展

1. 一般规定

1）水泥砂浆、水泥石子浆、混凝土等的配合比，如设计与定额不同时，可以换算。

2）整体面层、块料面层中的楼地面工程项目，均不包括踢脚板工料；楼梯不包括踢脚板、侧面及板底抹灰，应按相应定额项目计算。

3）菱苦土地面、现浇水磨石定额项目已包括酸洗打蜡工料，其余项目均不包括酸洗打蜡工料。

4）扶手、栏杆、栏板适用于楼梯、走廊、回廊及其他装饰性栏杆、栏板。扶手不包括弯头的制作安装，应按弯头单项定额计算。

5）木地板中的硬、杉、松木板，是按毛料厚度 25mm 编制的，设计厚度与定额厚度不同时，可以换算。

2. 常用公式

（1）找平层、整体面层工程量

找平层、整体面层工程量=净长×净宽。

（2）块料面层工程量

块料面层工程量按实贴面积计算。

（3）垫层工程量

垫层工程量=(地面面层面积-沟道所占面积)×垫层厚度。

（4）墙基防潮层工程量

墙基防潮层工程量=外墙中心线长×外墙厚度+内墙净长线长×内墙厚度。

（5）伸缩缝工程量

1）外墙伸缩缝如果设计为内外双面填缝时：

伸缩缝长度=外墙伸缩缝长度×2。

2）伸缩缝断面按以下情况考虑：

建筑油膏：宽×深=30mm×20mm；

其余材料：宽×深=30mm×150mm。

设计与此不同时，材料可以按比例换算，人工不变。

（6）散水工程量

散水工程量=（建筑物外墙边线长+散水设计宽度×4-台阶、花池、阳台等所占宽度）×散水设计宽度。

3. 楼梯面层工程量

计算花岗岩楼梯面层工程量，如图1-8所示。

本楼梯按照计算规范，应用"楼梯面层按设计图示尺寸以楼梯（包括踏步、休息平台及宽度≤500mm的楼梯井）水平投影面积计算。楼梯与楼地面相连时，算至梯口梁侧边沿；无梯口梁者，算至最上一层踏步边沿加300mm"的计算规则。花岗岩楼梯面层工程量=（5.0×3.7-0.3×0.2×2）m² = 18.38m²。

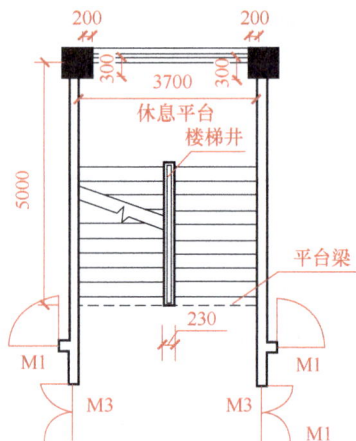

图 1-8 花岗岩楼梯面层

子任务二 楼地面工程的计算——台阶、踢脚线

一、任务准备

1. 课前准备

（1）设计说明

（2）图样：楼地面铺装图、立面图

2. 知识点

台阶的宽度是指台阶的设计净宽度，不包括梯带、牵边、挡墙等。

台阶、踢脚线

二、任务实施

1. 计算规则

（1）计算台阶工程量的规定

台阶面层按设计图示尺寸以台阶（包括最上层踏步边沿加300mm）水平投影面积计算。

（2）计算踢脚线工程量的规定

踢脚线以平方米计量，按设计图示长度乘以高度以面积计算；以米计量，按延长米计算。楼梯靠墙踢脚线（含锯齿形部分）贴块料按设计图示尺寸以面积计算。

2. 项目列项

本工程踢脚线工程列项见表1-4。

表 1-4 踢脚线工程列项

序号	子目名称
1	瓷砖加工踢脚线
2	实木踢脚线

3. 据图算量

瓷砖加工踢脚线、实木踢脚线，应用"踢脚线按设计图示长度乘以高度以面积计算"的计算规则，踢脚线工程量计算见表1-5。

表 1-5 踢脚线工程量计算

序号	名称	单位	计算式	工程量
1	瓷砖加工踢脚线	m²	{(4.67+5.16+2.7+1.15)+[7.69−(0.06×2+0.66+0.08+0.58)−(0.06×2+0.67+0.08+0.59)]+[0.53+0.62+(1.35−0.87)+2.01+0.44+0.9+0.89+1.01+0.16]}×0.1	2.55
2	实木踢脚线	m²	[(5.61×2+3.05×2−0.86)+(4.56+0.2+1.2)×4+3.55×2+3.07×2+(0.91+0.88)×2+0.76×4−0.87×2]×0.1	5.84

三、知识拓展

1. 台阶工程量

办公楼入口台阶，如图1-9所示，花岗石贴面，计算其台阶工程量。

本台阶按照计算标准，应用"台阶面层按设计图示尺寸以台阶（包括最上层踏步边沿加300mm）水平投影面积计算"的计算规则，故台阶工程量＝$[(4+0.3×2)×(0.3×2+0.3)+(3.0−0.3)×(0.3×2+0.3)]m^2=6.57m^2$。

2. 楼梯踢脚线工程量

计算楼梯间成品楼梯（踏步高150mm）高100mm木踢脚线的工程量，如图1-10所示。

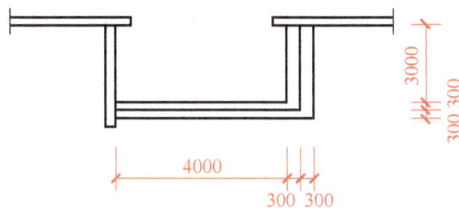

图 1-9 办公楼入口台阶

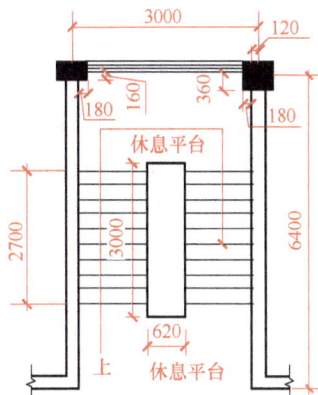

图 1-10 楼梯

本楼梯木踢脚线按照计算标准，应用"踢脚线按设计图示长度乘以高度以面积计算。楼梯靠墙踢脚线（含锯齿形部分）贴块料按设计图示尺寸以面积计算"的计算规则，故成品木踢脚线工程量＝$[(6.4×2+3.0−0.12×2+0.15×9)×0.1]m^2=1.69m^2$。

子任务三　楼地面工程的计算——零星项目

一、任务准备

1. 课前准备

（1）设计说明

（2）图样：楼地面铺装图

2. 知识点

（1）零星项目

零星项目是指面积在 $1m^2$ 以内且定额中未列项目的工程以及一些施工复杂、工料耗用量比较多的项目。楼梯侧面、台阶牵边、小便池、墩台、池槽等的面层工程量属于零星项目。

（2）点缀

点缀是指镶拼面积小于 $0.015m^2$ 的石材地面。

（3）弯头

弯头是楼梯转弯处的结构构件。

二、任务实施

1. 计算规则

（1）计算零星项目工程量的规定

1）零星装饰项目按设计图示尺寸以面积计算。

2）分隔嵌条按设计图示尺寸以延长米计算。

3）踏步防滑条按设计图示尺寸以延长米计算，设计无规定者，可按踏步长度两边共减300mm 计算。

（2）计算点缀工程量的规定

点缀按设计图示数量以个计算。计算铺贴楼地面面积时，不扣除点缀所占面积。

（3）计算栏杆、栏板、扶手、弯头工程量的规定

1）栏杆、栏板、扶手均按其中心线长度以延长米计算，计算扶手时不扣除弯头所占长度。

2）弯头按设计图示数量以个计算。

（4）计算石材养护工程量的规定

1）石材底面刷养护液（包括侧面涂刷），工程量按设计图示尺寸以底面积计算。

2）石材表面刷保护液按设计图示尺寸以表面积计算。

3）石材打胶按设计图示尺寸以延长米计算。

4）石材勾缝、精磨按设计图示尺寸以面积计算。

5）块料楼地面做酸洗打蜡者，按设计图示尺寸以表面积计算。

2. 项目列项

本工程零星项目列项见表 1-6。

表 1-6　零星项目列项

序号	子目名称
1	过门石
2	地砖底面刷养护液

3. 据图算量

1）本工程共有过门石 7 块，按照计算标准，应用"零星装饰项目按设计图示尺寸以面积计算"的计算规则。

2）本工程地砖有 800mm×800mm 灰色抛光地砖、300mm×300mm 灰色防滑地砖两种，经过楼地面工程量可知：800mm×800mm 灰色抛光地砖工程量 61.26m²，需 800mm×800mm 灰色抛光地砖 95.72 块，即 96 块；300mm×300mm 灰色防滑地砖工程量 11.11m²，需 300mm×300mm 灰色防滑地砖 123.44 块，即 124 块。砖厚均为 12mm，按照计算标准，应用"石材底面刷养护液（包括侧面涂刷），工程量按设计图示尺寸以底面积计算"的计算规则，零星项目工程量计算见表 1-7。

表 1-7　零星项目工程量计算

序号	名称	单位	计算式	工程量
1	过门石	m²	0.2×0.77+0.87×0.2+1.46×0.2+(4.42-0.61-2.35)×0.15+0.85×0.2+0.87×0.2+0.24×(0.89+0.13-0.15)	1.39
2	地砖底面刷养护液	m²	96×(0.8×0.8+0.8×0.12×4)+124×(0.3×0.3+0.3×0.12×4)	127.32

三、知识拓展

1. 楼梯侧面工程量

计算花岗岩楼梯侧面装饰面层的工程量，如图 1-11 所示。

本花岗岩楼梯侧面装饰面层按照计算规范，应用"零星装饰项目按设计图示尺寸以面积计算"的计算规则。故楼梯侧面面层工程量 = (0.10×3.1+0.3×0.15×0.5×9)m² = 0.51m²。

2. 扶手、弯头工程量

计算楼梯扶手及弯头工程量，如图 1-12 所示。

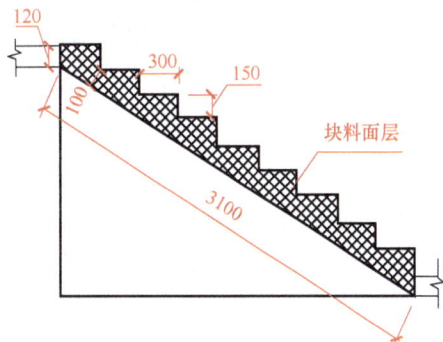

图 1-11　楼梯侧面装饰

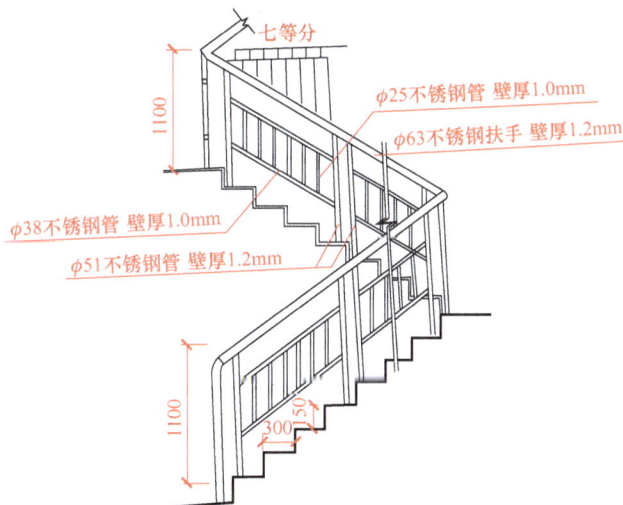

图 1-12　楼梯扶手、弯头

本楼梯扶手及弯头按照计算规范，应用"栏杆、栏板、扶手均按其中心线长度以延长米计算，计算扶手时不扣除弯头所占长度；弯头按计算图示数量以个计算"的计算规则。

故楼梯扶手工程量 $=(\sqrt{0.3^2+0.15^2}\times8\times2)\mathrm{m}=5.36\mathrm{m}$，弯头工程量 $=3$ 个。

3. 点缀工程量

计算点缀工程量，如图 1-13 所示。

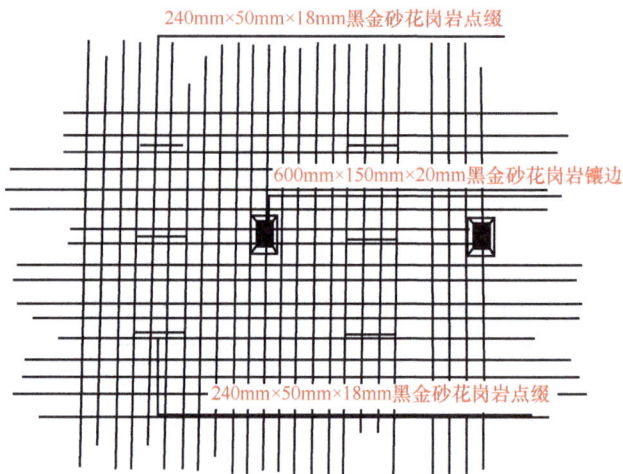

图 1-13 点缀

本点缀按照计算规范，应用"点缀按设计图示数量以个计算。计算铺贴楼地面面积时，不扣除点缀所占面积"的计算规则。故黑金砂点缀工程量 $=6$ 个。

任务三 墙柱面工程的计算

子任务一 墙柱面工程的计算——墙面装饰

一、任务准备

1. 课前准备

（1）设计说明

（2）图样：立面图

2. 知识点

（1）外墙面的垂直投影面积

外墙面的垂直投影面积是指外墙外边线与檐高的乘积。

（2）踢脚线、墙裙与墙身的划分

高度在 300mm 以内者按踢脚线定额执行；高度在 300~1500mm 者按墙裙定额执行；高度在 1500mm 以上者按墙面定额执行。

二、任务实施

1. 计算规则

（1）计算墙面抹灰工程量的规定

墙面抹灰工程量按设计图示尺寸以面积计算。扣除墙裙、门窗洞口及单个面积>0.3m²

的孔洞面积，不扣除踢脚线、挂镜线和墙与构件交接处的面积，门窗洞口和孔洞的侧壁及顶面不增加面积。附墙柱、梁、垛、烟囱侧壁并入相应的墙面面积内。

1）外墙抹灰面积按外墙垂直投影面积计算。

2）外墙裙抹灰面积按其长度乘以高度计算。

3）内墙抹灰面积按主墙间的净长乘以高度计算。

① 无墙裙的，高度按室内楼地面至天棚底面计算。

② 有墙裙的，高度按墙裙顶至天棚底面计算。

③ 有吊顶天棚抹灰的，高度算至天棚底。

4）内墙裙抹灰面按内墙净长乘以高度计算。

墙面抹灰的
分类、做法

墙面抹灰工程量

（2）计算墙面镶贴块料面层工程量的规定

1）墙面镶贴块料面层按设计图示尺寸以镶贴表面积计算。

2）柱面镶贴块料面层按设计图示饰面外围尺寸乘以高度计算。

3）面砖加浆勾缝项目按设计图示面砖尺寸以面积计算。

内墙砖粘贴

4）镶贴零星块料石材柱墩、柱帽项目是按圆弧形成品考虑的，按设计图示其圆的最大外径以周长计算；其他类型的柱帽、柱墩项目按设计图示尺寸以展开面积计算。

5）女儿墙（包括泛水、挑砖）内侧、阳台栏板（不扣除花格所占孔洞面积）内侧与阳台栏板外侧镶贴块料面层按设计图示尺寸以展开面积计算。

墙面镶贴块料
工程量

（3）计算墙饰面工程量的规定

1）墙饰面的龙骨、基层、面层项目按设计图示饰面尺寸以面积计算，扣除门窗洞口及单个面积>0.3m²的空圈所占面积。

2）柱饰面的龙骨、基层、面层项目按设计图示饰面尺寸以面积计算，柱帽、柱墩饰面并入相应的柱面面积。

2. 项目列项

本工程墙面装饰列项见表 1-8。

表 1-8 墙面装饰列项

序号	子目名称
1	文化砖斜拼（客厅 A 立面）
2	大芯板基层奥松板饰面留缝 8mmV 槽（客厅 A 立面）
3	300mm×600mm 抛光砖（主卫）
4	300mm×600mm 抛光砖（客卫）
5	300mm×600mm 釉面砖（厨房）

3. 据图算量

本工程按照计算规范，应用"墙面镶贴块料面层按设计图示尺寸以镶贴表面积计算"的计算规则，墙面装饰工程量计算见表 1-9。

表 1-9　墙面装饰工程量计算

序号	名称	单位	计算式	工程量
1	文化砖斜拼 （客厅 A 立面）	m²	(2.76−0.03×2)×(2.8−0.4−0.15×2−0.03×2)	5.51
2	大芯板基层奥松板饰面 留缝 8mmV 槽 （客厅 A 立面）	m²	1.14×(2.8−0.4)	2.74
3	300mm×600mm 抛光砖 （主卫）	m²	(4.12×2+1.83×2)×2.8−0.77×2.1−0.82×1.44	30.52
4	300mm×600mm 抛光砖 （客卫）	m²	[2.21×2+(1.86+0.26)×2]×2.8−(0.89+0.13−0.15)×2.1	22.42
5	300mm×600mm 釉面砖 （厨房）	m²	5.55×2+3.44×2−1.46×2.1−(4.42−0.61−2.35)×2.1−3.53×1.21−1.18×1.21	6.15

三、知识拓展

计算外墙面水刷石装饰抹灰工程量（柱垛侧面宽 140mm），如图 1-14 所示。

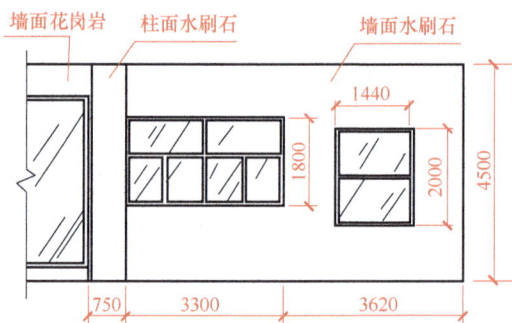

图 1-14　外墙面水刷石装饰

外墙面水刷石装饰抹灰按照计算规范，应用"外墙面抹灰面积按设计图示外墙垂直投影面积计算"的计算规则，故水刷石抹灰工程量＝[4.5×(3.3+3.62)−3.3×1.8−1.44×2.0+(0.75+0.14×2)×4.5]m²＝26.96m²。

子任务二　墙柱面工程的计算——柱面装饰

一、任务准备

1. 课前准备

（1）设计说明

（2）图样：平面图、立面图

2. 知识点

（1）结构断面周长

结构断面周长是指建筑施工图所标注的图示断面周长尺寸。

（2）柱外围饰面尺寸

柱外围饰面尺寸是指装饰饰面成活尺寸。

二、任务实施

1. 计算规则

1) 柱面抹灰按设计图示结构断面周长乘以抹灰高度计算。
2) 柱面装饰按柱外围饰面尺寸乘以柱的高度以平方米计算。

2. 项目列项

本工程未涉及独立柱装饰工程，无需列项计算。

三、知识拓展

柱高 3m，如图 1-15 所示，计算挂贴柱面花岗岩及成品花岗岩线条工程量。

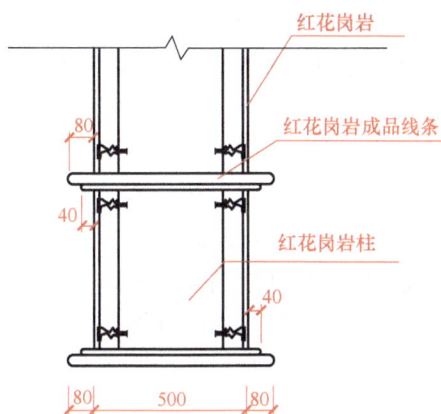

柱面装饰

图 1-15　柱面装饰

本工程按照计算规范，应用"柱面装饰按柱外围饰面尺寸乘以柱的高度以平方米计算"的计算规则，故挂贴花岗岩柱工程量 = $(\pi \times 0.5 \times 3) \text{m}^2 = 4.71 \text{m}^2$，挂贴花岗岩零星项目 = $[\pi \times (0.5 + 0.08 \times 2) \times 2 + \pi \times (0.5 + 0.04 \times 2) \times 2] \text{m} = 7.79 \text{m}$。

子任务三　墙柱面工程的计算——其他抹灰、幕墙、隔断、欧式风格

一、任务准备

1. 课前准备

（1）设计说明
（2）图样：平面图、立面图

2. 知识点

（1）女儿墙内侧垂直投影面积

女儿墙内侧垂直投影面积是指女儿墙内墙长和墙高的乘积，泛水、挑砖部分不展开。

（2）阳台栏板内侧垂直投影面积

阳台栏板内侧垂直投影面积是指阳台栏板内侧长与栏板高度的乘积。

（3）装饰抹灰分格嵌缝

装饰抹灰分格嵌缝是为了达到施工质量要求及美化墙面而做的构造。

（4）镶贴块料和装饰抹灰的零星项目

镶贴块料和装饰抹灰的零星项目适用于挑檐、天沟、腰线、窗台线、门窗套、压顶、扶手、雨篷周边等。

墙柱面其他
工程量

二、任务实施

1. 计算规则

（1）计算其他抹灰工程量的规定

1）装饰线条抹灰按设计图示尺寸以延长米计算。

2）装饰抹灰分格嵌缝按抹灰面面积计算。

3）零星项目抹灰按设计图示尺寸以展开面积计算。

（2）计算幕墙、隔断工程量的规定

1）玻璃幕墙、铝板幕墙按设计图示框外围尺寸以面积计算。

2）半玻璃隔断、全玻璃幕墙如有加强肋者，按设计图示尺寸以展开面积计算。

3）隔断按设计图示框外围尺寸以面积计算，扣除门窗洞口及单个面积>0.3m² 的孔洞所占面积。

（3）计算欧式风格工程量的规定

1）欧式花饰及其刷漆按设计图示尺寸以面积计算。不规则或多边形欧式花饰及其刷漆按其设计图示外接矩形、外接三角形以面积计算。

2）欧式附墙罗马柱身按设计图示尺寸以高度计算。

3）欧式附墙柱头、柱墩按设计图示数量以个计算。

4）欧式扶手头、饰物块按设计图示数量以件计算。

（4）其他相关计算的规定

1）窗台线、门窗套、挑檐、腰线、遮阳板等展开宽度在 300mm 以内者，按装饰线以延长米计算；展开宽度超过 300mm 以上时，按图示尺寸以展开面积计算，套零星抹灰定额项目。

2）栏板、栏杆（包括立杆、扶手或压项等）抹灰按立面垂直投影面积乘以系数 2.2 以平方米计算。

3）阳台底面抹灰按水平投影面积以平方米计算，并入相应天棚抹灰面积内。阳台如带悬梁者，其工程量乘以系数 1.30。

4）雨篷底面或顶面抹灰分别按水平投影面积以平方米计算，并入相应天棚抹灰面积内。雨篷顶面带反沿或反梁者，其工程量乘以系数 1.20；底面带悬臂梁者，其工程量乘以系数 1.20。雨篷外边线按相应装饰或零星项目执行。

5）墙面勾缝按垂直投影面积计算，应扣除墙裙和墙面抹灰的面积，不扣除门窗洞口、门窗套、腰线等零星抹灰所占的面积，附墙柱和门窗洞口侧面的勾缝面积也不增加。独立柱、房上烟囱勾缝，按图示尺寸以 m² 计算。

6）外墙各种装饰抹灰均按图示尺寸以实抹面积计算，应扣除门窗洞口空圈的面积，其侧壁面积不另增加。

7）木隔墙、墙裙、护壁板，均按图示尺寸长度乘以高度按实铺面积以平方米计算。

8）玻璃隔墙按上横档顶面至下横档底面之间高度乘以宽度（两边立挺外边线之间）计算。

9）浴厕木隔断，按下横档底面至上横档顶面高度乘以图示长度以平方米计算，门扇面积并入隔断面积内计算。

2. 项目列项

本工程隔断列项见表1-10。

表1-10　隔断列项

序号	子目名称
1	成品浴厕隔断（主卫）

3. 据图算量

本工程按照计算规范，应用"隔断按设计图示框外围尺寸以面积计算，扣除门窗洞口及单个面积>0.3m² 的孔洞所占面积"的计算规则，隔断工程量计算见表1-11。

表1-11　隔断工程量计算

序号	名称	单位	计算式	工程量
1	成品浴厕隔断（主卫）	m²	1.83×2.8	5.12

三、知识拓展

1. 装饰分格嵌缝工程量

计算建筑物外墙装饰分格嵌缝工程量，如图1-16所示。

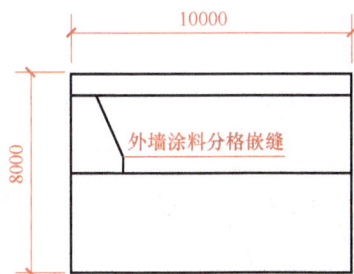

图1-16　外墙装饰分格嵌缝

本建筑物外墙装饰嵌缝按照计算规范，应用"装饰抹灰分格嵌缝按抹灰面面积计算"的计算规则，外墙装饰分格嵌缝工程量=（10×8）m² = 80m²

2. 玻璃幕墙工程量

计算玻璃幕墙工程量，如图1-17所示。

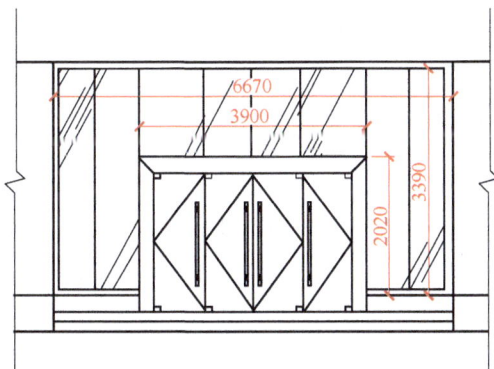

图1-17　玻璃幕墙

本玻璃幕墙按照计算规范，应用"玻璃幕墙、铝板幕墙按设计图示框外围尺寸以面积计算"的计算规则，故玻璃幕墙工程量 = $(6.67×3.39−3.9×2.02)\,m^2 = 14.73m^2$。

任务四　天棚工程的计算

子任务一　天棚工程的计算——吊顶天棚

一、任务准备

1. 课前准备

（1）设计说明

（2）图样：天棚图

2. 知识点

（1）天棚按造型划分

天棚按其造型可分为平面天棚、迭级天棚和艺术造型天棚。

1）平面天棚。天棚标高在同一平面者为平面天棚。

2）迭级天棚。天棚面层不在同一标高者为迭级天棚，如图 1-18 所示。迭级天棚通常可做成天井式和凹槽式两种。

图 1-18　迭级天棚

3）艺术造型天棚。艺术造型天棚是指带有弧线或造型复杂的天棚，如锯齿形天棚、阶梯形天棚、吊挂式天棚、藻井式天棚等，如图 1-19 所示。

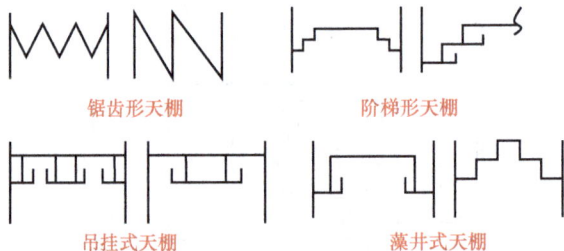

锯齿形天棚　　　　　　　　阶梯形天棚

吊挂式天棚　　　　　　　　藻井式天棚

图 1-19　艺术造型天棚

（2）间壁墙

间壁墙是指隔开房间的内隔墙，常见尺寸为 120mm 宽。

（3）附墙烟囱

附墙烟囱是指依墙而设的将室内的烟气排出室外的通道。

（4）检查口

检查口是指用砖或预制混凝土井筒砌成的井，设置在沟道断面、坡度的变更处、沟道相交处或通长的直线管道上，供检修人员检查管道状况，也可称检查井。

（5）展开面积

展开面积是指把天棚凸凹面展开后合并计算的全部面积。

二、任务实施

1. 计算规则

（1）计算天棚抹灰工程量的规定

天棚抹灰按设计图示尺寸以水平投影面积计算，不扣除间壁墙、垛、柱、附墙烟囱、检查口和管道所占的面积，带梁天棚的梁两侧抹灰面积并入天棚面积内，板式楼梯底面抹灰按斜面积计算，锯齿形楼梯底面抹灰按展开面积计算。

天棚工程量

（2）计算天棚吊顶工程量的规定

天棚吊顶按设计图示尺寸以水平投影面积计算。天棚面中的灯槽及跌级、锯齿形、吊挂式、藻井式天棚的面积不展开计算，不扣除间壁墙、检查口、附墙烟囱、柱、垛和管道所占面积，扣除单个面积$>0.3m^2$的孔洞、独立柱及与天棚相连的窗帘盒所占的面积。

轻钢龙骨吊顶

2. 项目列项

本工程天棚吊顶列项见表 1-12。

表 1-12　天棚吊顶列项

序号	子目名称
1	300mm×300mm 装配式 U 形轻钢龙骨、300mm×300mm 铝扣板吊顶（主卫）
2	300mm×300mm 装配式 U 形轻钢龙骨、300mm×300mm 铝扣板吊顶（客卫）
3	300mm×300mm 装配式 U 形轻钢龙骨、300mm×300mm 铝扣板吊顶（厨房）
4	300mm×300mm 双层楞方木天棚龙骨（吊在梁下或板下）、石膏板吊顶（客厅）
5	300mm×300mm 双层楞方木天棚龙骨（吊在梁下或板下）、石膏板吊顶（餐厅）
6	300mm×300mm 双层楞方木天棚龙骨（吊在梁下或板下）、石膏板吊顶（主卧）
7	300mm×300mm 双层楞方木天棚龙骨（吊在梁下或板下）、石膏板吊顶（走廊）
8	石膏板吊顶

3. 据图算量

本工程天棚吊顶按照计算规范，应用"天棚吊顶按设计图示尺寸以水平投影面积计算。天棚面中的灯槽及跌级、锯齿形、吊挂式、藻井式天棚的面积不展开计算，不扣除间壁墙、检查口、附墙烟囱、柱、垛和管道所占面积，扣除单个面积$>0.3m^2$的孔洞、独立柱及与天棚相连的窗帘盒所占的面积"的计算规则，天棚吊顶工程量计算见表1-13。

表1-13　天棚吊顶工程量计算

序号	名称	单位	计算式	工程量
1	300mm×300mm 装配式 U 形轻钢龙骨、300mm×300mm 铝扣板吊顶（主卫）	m²	4.12×1.83	7.54
2	300mm×300mm 装配式 U 形轻钢龙骨、300mm×300mm 铝扣板吊顶（客卫）	m²	1.86×1.87+(2.21-1.87-0.24)×(0.89+0.13-0.15)	3.57
3	300mm×300mm 装配式 U 形轻钢龙骨、300mm×300mm 铝扣板吊顶（厨房）	m²	1.19×5.55+(3.44-1.19)×(1.85+0.43-0.15)	11.40
4	300mm×300mm 双层楞方木天棚龙骨（吊在梁下或板下）、石膏板吊顶（客厅）	m²	(5.16-0.13)×4.67+(1.15-0.22)×(4.67-2.7)	25.32
5	300mm×300mm 双层楞方木天棚龙骨（吊在梁下或板下）、石膏板吊顶（餐厅）	m²	(4.42-0.22-0.2)×(0.91+1.46+0.9)	13.08
6	300mm×300mm 双层楞方木天棚龙骨（吊在梁下或板下）、石膏板吊顶（主卧）	m²	(4.56-0.2)×3.55	15.48
7	300mm×300mm 双层楞方木天棚龙骨（吊在梁下或板下）、石膏板吊顶（走廊）	m²	1.36×(2.01+0.87+0.44+4.67-2.7)	7.19
8	石膏板吊顶	m²	(5.16-0.13)×4.67+(1.15-0.22)×(4.67-2.7)-3.65×3.31+0.26×(3.65×2+3.31×2)+(0.3-0.26)×[(5.16-0.13-0.45×2)+(4.67-0.45×2)]×2+(4.42-0.22-0.2)×(0.91+1.46+0.9)-2.89×2.17+0.26×(2.89×2+2.17×2)+(0.3-0.26)×[(4.42-0.2-0.45×2)+(0.91+1.46+0.9-0.45×2)]×2+(4.56-0.2)×3.55-3.46×2.65+0.26×(3.46×2+2.65×2)+(0.3-0.26)×[(4.56-0.2-0.35×2)+(3.55-0.35×2)]×2+1.36×(2.01+0.87+0.44+4.67-2.7)+(0.3-0.1)×(0.76+4.98)×2	46.88

子任务二　天棚工程的计算——灯光槽、送风口、回风口、灯光孔

一、任务准备

1. 课前准备

（1）设计说明

（2）图样：天棚图

2. 知识点

（1）实铺面积

实铺面积是指吊顶保温层实际铺设的面积，这里指水平投影面积。

（2）艺术造型天棚注意事项

艺术造型天棚项目中包括灯光槽的制作安装，不需另算。

天棚其他

二、任务实施

1. 计算规则

（1）计算成品装饰带工程量的规定

成品装饰带按设计图示尺寸以中心线长度计算。

（2）计算保温层、吸声层工程量的规定

保温层、吸声层按实铺面积计算。

（3）计算网架、嵌缝工程量的规定

1）网架按水平投影面积计算。

2）嵌缝按延长米计算。

（4）计算送风口、回风口、灯光孔工程量的规定

送风口、回风口及灯光孔按设计图示数量计算。

2. 项目列项

本工程送风口、回风口、灯光槽列项见表1-14。

表1-14　送风口、回风口、灯光槽列项

序号	子目名称
1	送风口、回风口
2	暗藏灯带

3. 据图算量

1）本工程送风口、回风口按照计算规范，应用"送风口、回风口及灯光孔按设计图示数量计算"的计算规则，送风口、回风口工程量计算见表1-15。

表1-15　送风口、回风口工程量计算

序号	名称	单位	计算式	工程量
1	送风口、回风口	个	3	3

2）本工程暗藏灯带按照计算规范，应用"成品装饰带按设计图示尺寸以中心线长度计算"的计算规则，暗藏灯带工程量计算见表1-16。

表1-16　暗藏灯带工程量计算

序号	名称	单位	计算式	工程量
2	暗藏灯带	m	$[(3.65+0.05)+(3.31+0.05)]\times2+[(2.89+0.05)+(2.17+0.05)]\times2+[(3.46+0.05)+(2.65+0.05)]\times2$	36.86

三、知识拓展

1. 保温层工程量

计算袋装矿棉保温层工程量，如图1-20所示。

本袋装矿棉保温层按照计算规范，应用"保温层、吸声层按实铺面积计算"的计算规则，袋装矿棉保温层工程量 $=[(3.6-0.2)\times(6.0-0.15-0.1)-(3.4+1.5)\times2\times0.3-0.15\times0.3\times2-0.15\times0.1\times0.2]m^2=16.49m^2$

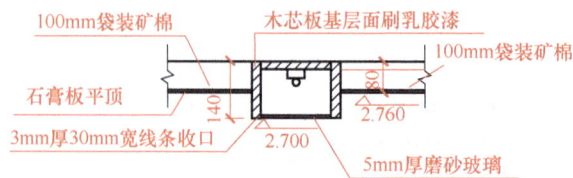

节点①

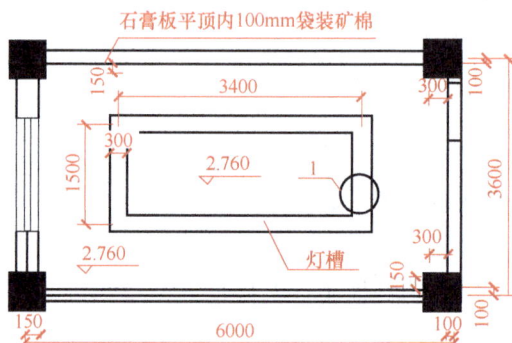

图 1-20 袋装矿棉保温层

2. 网架工程量

计算钢网架工程量，如图 1-21 所示。

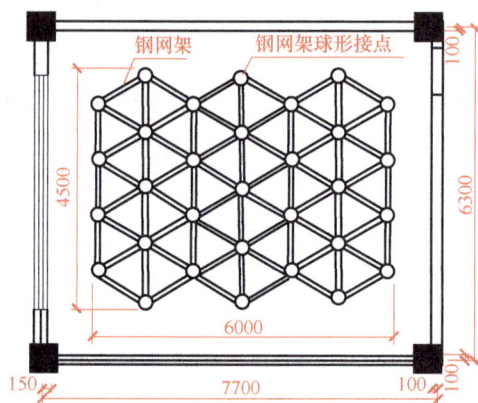

图 1-21 钢网架

本钢网架按照计算规范，应用"网架按水平投影面积计算"的计算规则，钢网架工程量 = (4.5×6.0)m² = 27m²。

任务五 门窗工程的计算

子任务一 门窗工程的计算——门窗

一、任务准备

1. 课前准备

(1) 设计说明

(2) 图样：平面图、立面图

2. 知识点

（1）卷闸门

在安装卷闸门时，卷闸门的宽度可以按门的实际宽度来确定，但高度必须比门的实际高度要高。根据试验测定，一般卷闸门的高度要比门的高度高出 600mm。

（2）隔声面层

木门扇皮质隔声面层和装饰板隔声面层虽然双面都有，但在定额消耗量中已综合考虑，因此只需计算单面面积。

二、任务实施

1. 计算规则

门窗工程量

（1）计算木门工程量的规定

1）木质门、木质门带套、木质连窗门、木质防火门以樘为计量单位时，按设计图示数量计算；以平方米为计量单位时，按设计图示洞口尺寸以面积计算。

2）木门框以樘为计量单位时，按设计图示数量计算；以米为计量单位时，按设计图示框中心线以延长米计算。

3）门锁按设计图示数量计算。

（2）计算金属门工程量的规定

金属（塑钢）门、彩板门、钢质防火门、防盗门以樘为计量单位时，按设计图示数量计算；以平方米为计量单位时，按设计图示洞口尺寸以面积计算。

（3）计算金属卷帘（闸）门工程量的规定

金属卷帘（闸）门、防火卷帘（闸）门以樘为计量单位时，按设计图示数量计算；以平方米为计量单位时，按设计图示洞口尺寸以面积计算。

（4）计算厂库房大门、特种门工程量的规定

厂库房大门、特种门以樘为计量单位时，按设计图示数量计算；以平方米为计量单位时，按设计图示洞口尺寸以面积计算。

（5）计算其他门工程量的规定

电子感应门、旋转门、电子对讲门、电动伸缩门、全玻自由门、镜面不锈钢饰面门、复合材料门以樘为计量单位时，按设计图示数量计算；以平方米为计量单位时，按设计图示洞口尺寸以面积计算。

（6）计算木窗工程量的规定

1）木质窗以樘为计量单位时，按设计图示数量计算；以平方米为计量单位时，按设计图示洞口尺寸以面积计算。

2）木飘窗、木橱窗以樘为计量单位时，按设计图示数量计算；以平方米为计量单位时，按设计图示尺寸以框外围展开面积计算。

3）木纱窗以樘为计量单位时，按设计图示数量计算；以平方米为计量单位时，按框外围尺寸以面积计算。

（7）计算金属窗工程量的规定

1）金属（塑钢、断桥）窗、金属防火窗、金属百叶窗、金属格栅窗以樘为计量单位时，按设计图示数量计算；以平方米为计量单位时，按设计图示洞口尺寸以面积计算。

2）金属纱窗以樘为计量单位时，按设计图示数量计算；以平方米为计量单位时，按框

的外围尺寸以面积计算。

3）金属（塑钢、断桥）橱窗、金属（塑钢、断桥）飘窗以樘为计量单位时，按设计图示数量计算；以平方米为计量单位时，按设计图示尺寸以框外围展开面积计算。

4）彩板窗、复合材料窗以樘为计量单位时，按设计图示数量计算；以平方米为计量单位时，按设计图示洞口尺寸或框外围以面积计算。

2. 项目列项

本工程门窗工程列项见表 1-17。

表 1-17　门窗工程列项

序号	子目名称
1	防盗门
2	推拉门
3	窗
4	木门

3. 据图算量

1）本工程防盗门、推拉门按照计算规范，应用"金属（塑钢）门、彩板门、钢质防火门、防盗门以樘为计量单位时，按设计图示数量计算；以平方米为计量单位时，按设计图示洞口尺寸以面积计算"的计算规则，防盗门、推拉门工程量计算见表 1-18。

表 1-18　防盗门、推拉门工程量计算

序号	名称	单位	计算式	工程量
1	防盗门	m²	1.17×2.1	2.46
2	推拉门	m²	(0.06+0.66+0.08+0.58+0.06)×2.1+(0.06+0.67+0.08+0.59+0.06)× 2.1+1.76×2.1+1.55×2.1	13.04

2）本工程窗按照计算规范，应用"金属（塑钢、断桥）窗、金属防火窗、金属百叶窗、金属格栅窗以樘为计量单位时，按设计图示数量计算；以平方米为计量单位时，按设计图示洞口尺寸以面积计算"的计算规则，窗工程量计算见表 1-19。

表 1-19　窗工程量计算

序号	名称	单位	计算式	工程量
3	窗	m²	1.18×1.21+3.53×1.21+1.41×1.44+0.82×1.44+3.55×2.09+2.25×2.09+2.03×1.8	24.69

3）本工程木门按照计算规范，应用"木质门、木质门带套、木质连窗门、木质防火门以樘为计量单位时，按设计图示数量计算；以平方米为计量单位时，按设计图示洞口尺寸以面积计算"的计算规则，木门工程量计算见表 1-20。

表 1-20　木门工程量计算

序号	名称	单位	计算式	工程量
4	木门	樘	5	5

子任务二 门窗工程的计算——门窗套、窗台板、窗帘盒、窗帘轨

一、任务准备

1. 课前准备

（1）设计说明

（2）图样：门窗详图、平面图

2. 知识点

不锈钢板包门框、门窗套是指将门框的木材表面，用不锈钢板保护起来，增加门的美观性，还可免受火种直接烧烤。

门窗其他

二、任务实施

1. 计算规则

（1）计算门窗套工程量的规定

1）木门窗套、木筒子板、饰面夹板筒子板、金属门窗套、石材门窗套以樘为计量单位时，按设计图示数量计算；以平方米为计量单位时，按图示尺寸以展开面积计算；以米计量时，按设计图示中心以延长米计算。

2）门窗木贴脸以樘为计量单位时，按设计图示数量计算；以米为计量单位时，按设计图示尺寸以延长米计算。

（2）计算窗台板、窗帘盒、窗帘轨工程量的规定

1）窗台板按设计图示尺寸以展开面积计算。

2）窗帘盒、窗帘轨按设计图示尺寸以长度计算。

3）窗帘以米为计量单位时，按设计图示尺寸以成活后长度计算；以平方米为计量单位时，按图示尺寸以成活后展开面积计算。

2. 项目列项

本工程窗帘盒、窗帘轨、窗帘列项见表 1-21。

表 1-21 窗帘盒、窗帘轨、窗帘列项

序号	子目名称
1	130mm 宽窗帘盒（客厅）
2	200mm 宽窗帘盒（主卧、次卧、书房、餐厅）
3	窗帘轨（全屋）
4	窗帘（全屋）

3. 据图算量

1）本工程窗帘盒、窗帘轨按照计算规范，应用"窗帘盒、窗帘轨按设计图示尺寸以长度计算"的计算规则，窗帘盒、窗帘轨工程量计算见表 1-22。

表 1-22 窗帘盒、窗帘轨工程量计算

序号	名称	单位	计算式	工程量
1	130mm 宽窗帘盒（餐厅）	m	4.67	4.67

（续）

序号	名称	单位	计算式	工程量
2	200mm 宽窗帘盒（主卧、次卧、书房、餐厅）	m	3.55+3.07+3.05+0.91+1.46+0.9	12.94
3	窗帘轨（全屋）	m	3.55+3.07+3.05+0.91+1.46+0.9+4.67	17.61

2）本工程窗帘按照计算规范，应用"窗帘以米为计量单位时，按设计图示尺寸以成活后长度计算；以平方米为计量单位时，按图示尺寸以成活后展开面积计算"的计算规则，窗帘工程量计算见表 1-23。

表 1-23　窗帘工程量计算

序号	名称	单位	计算式	工程量
4	窗帘（全屋）	m²	(3.55+3.07+3.05+0.91+1.46+0.9+4.67)×2.8×2	98.62

三、知识拓展

1. 门套工程量

办公楼房间门的门套，如图 1-22 所示，计算其工程量。

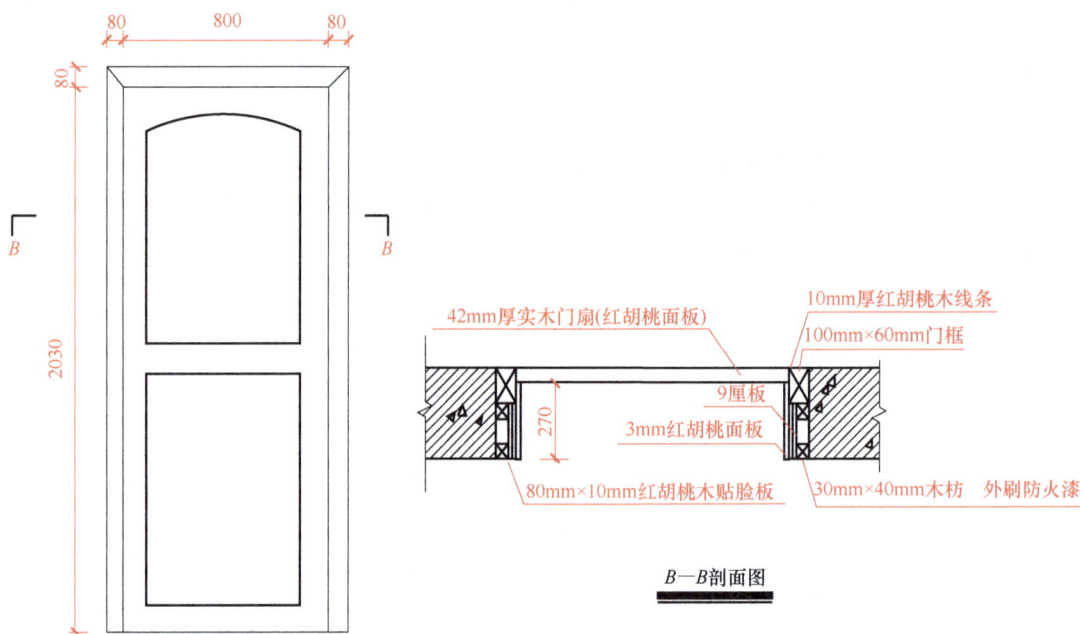

图 1-22　门套

本门套按照计算规范，应用"木门窗套、木筒子板、饰面夹板筒子板、金属门窗套、石材门窗套以樘为计量单位时，按设计图示数量计算；以平方米为计量单位时，按图示尺寸以展开面积计算；以米为计量单位时，按设计图示中心以延长米计算"的计算规则，门套工程量 = [0.27×(2.03×2+0.8)] m² = 1.31m²。

2. 窗台板工程量

酒店窗台板为棕花岗岩，如图 1-23 所示，窗台长 3m，计算其窗台板工程量。

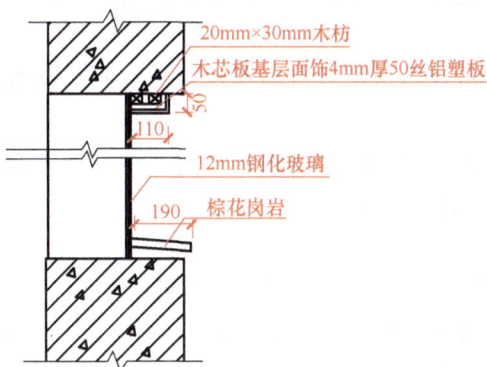

图1-23 窗台板

本窗台板按照计算规范，应用"窗台板按设计图示尺寸以展开面积计算"的计算规则，窗台板工程量 = $(0.19×3)m^2 = 0.57m^2$。

任务六 油漆、涂料、裱糊工程的计算

一、任务准备

1. 课前准备

（1）设计说明

（2）图样：立面图、天棚图

2. 知识点

木楼梯刷油漆的工程量不包括楼梯底部，楼梯底部工程量按展开面积计算。

油漆、涂料、裱糊1

二、任务实施

1. 计算规则

（1）计算油漆工程量的规定

1）门油漆。木门油漆、金属门油漆以樘为计量单位时，按设计图示数量计算；以平方米为计量单位时，按设计图示洞口尺寸以面积计算。

油漆、涂料、裱糊2

2）窗油漆。木窗油漆、金属窗油漆以樘为计量单位时，按设计图示数量计算；以平方米为计量单位时，按设计图示洞口尺寸以面积计算。

3）木扶手及其他板条、线条油漆。木扶手油漆，窗帘盒油漆，封檐板、顺水板油漆，挂衣板、黑板框油漆，拌镜线、窗帘棍、单独木线条油漆按设计图示尺寸以长度计算。

4）木材面油漆。

① 木护墙、木墙裙油漆，窗台板、筒子板、盖板、门窗套、踢脚线油漆，清水板条天棚、檐口油漆，木方格吊顶天棚油漆，吸音板墙面、天棚面油漆，暖气罩油漆，其他木材面油漆按设计图示尺寸以面积计算。

② 木间壁、木隔断油漆，玻璃间壁露明墙筋油漆，木栅栏、木栏杆（带扶手）油漆按设计图示尺寸以单面外围面积计算。

③ 衣柜、壁柜油漆，梁柱饰面油漆，零星木装修油漆，木地板油漆按设计图示尺寸以油漆部分展开面积计算。

④ 木地板烫硬蜡面按设计图示尺寸以面积计算，空洞、空圈、暖气包槽、壁龛的开口部分并入相应的工程量内。

5）金属面油漆。金属面油漆以吨为计量单位时，按设计图示尺寸以质量计算；以平方米为计量单位时，按设计展开面积计算。

6）抹灰面油漆。

① 抹灰面油漆、满刮腻子按设计图示尺寸以面积计算。

② 抹灰线条油漆按设计图示尺寸以长度计算。

（2）计算涂料工程量的规定

1）墙面喷刷涂料、天棚喷刷涂料按设计图示尺寸以面积计算。

2）空花格、栏杆喷刷涂料按设计图示尺寸以单面外围面积计算。

3）线条喷刷涂料按设计图示尺寸以长度计算。

4）金属构件喷刷防火涂料以吨为计量单位时，按设计图示尺寸以质量计算；以平方米为计量单位时，按设计展开面积计算。

5）木构件喷刷防火涂料以平方米为计量单位时，按设计图示尺寸以面积计算。

（3）计算裱糊工程量的规定

墙纸裱糊、织锦缎裱糊按设计图示尺寸以面积计算。

2. 项目列项

本工程油漆、涂料、裱糊工程列项见表 1-24。

表 1-24　油漆、涂料、裱糊工程列项

序号	子目名称
1	壁纸（餐厅 A 立面）
2	壁纸（客厅 A 立面）
3	壁纸（主卧背景墙）
4	80mm 混油木柱造型（餐厅 A 立面）
5	墙面乳胶漆（餐厅 A 立面）
6	饰面乳胶漆（次卧背景墙）
7	饰面乳胶漆（餐厅 CD 立面）
8	白色混油饰面（客厅 A 立面）
9	饰面乳胶漆（客厅 BCD 立面）
10	白色混油饰面（主卧背景墙）
11	80mm 混油造型（主卧背景墙）
12	白色乳胶漆［全屋顶面（除卫生间、厨房外）］
13	防火涂料（全屋木龙骨）

3. 据图算量

1）本工程壁纸按照计算规范，应用"墙纸裱糊、织锦缎裱糊按设计图示尺寸以面积计算"的计算规则，壁纸工程量计算见表1-25。

表1-25　壁纸工程量计算

序号	名称	单位	计算式	工程量
1	壁纸（餐厅A立面）	m²	$(2.1-0.03)\times[(0.53-0.03\times2)\times2+(1.82-0.03\times2)]$	5.59
2	壁纸（客厅A立面）	m²	$(0.84-0.03\times2)\times0.404\times10$	3.15
3	壁纸（主卧背景墙）	m²	$[2.26-0.03\times2+(0.53-0.03\times2)\times2]\times2.02$	6.34

2）本工程抹灰面油漆按照计算规范，应用"抹灰面油漆、满刮腻子按设计图示尺寸以面积计算"的计算规则，抹灰面油漆工程量计算见表1-26。

表1-26　抹灰面油漆工程量计算

序号	名称	单位	计算式	工程量
4	80mm混油木柱造型（餐厅A立面）	m²	$(2.8-0.4)\times0.26\times2$	1.25
5	墙面乳胶漆（餐厅A立面）	m²	$4.42\times(2.8-0.4)-(2.1-0.03)\times[(0.53-0.03\times2)\times2+(1.82-0.03\times2)]-(2.8-0.4)\times0.26\times2$	3.77
6	饰面乳胶漆（次卧背景墙）	m²	$(3.96+0.6)\times(2.8-0.1)$	12.31
7	饰面乳胶漆（餐厅CD立面）	m²	$(2.37+0.06+0.66+0.08+0.58+0.06+0.61)\times(2.8-0.1-0.4)+(2.8-0.1)\times(0.9+0.06+0.67+0.08+0.59+0.06+0.91)-(0.06+0.66+0.08+0.58+0.06)\times(2.1-0.1)-(0.06+0.67+0.08+0.59+0.06)\times(2.1-0.1)$	13.20
8	白色混油饰面（客厅A立面）	m²	$6.3\times(2.8-0.4)-(2.76-0.03\times2)\times(2.8-0.4-0.15\times2-0.03\times2)-(0.84-0.03\times2)\times0.404\times10-1.14\times(2.8-0.4)$	3.72
9	饰面乳胶漆（客厅BCD立面）	m²	$(4.67+5.16+2.7+1.15)\times(2.8-0.4-0.1)-2.03\times1.8$	27.81
10	白色混油饰面（主卧背景墙）	m²	$4.56\times(2.8-0.4)-[(2.26-0.03\times2)+(0.53-0.03\times2)\times2]\times2.02-[(0.18+0.04\times2)\times(2.8-0.4)-0.18\times(2.02+0.03\times2)]\times2$	4.10
11	80mm混油造型（主卧背景墙）	m²	$[(0.18+0.04\times2)\times(2.8-0.4)-0.18\times(2.02+0.03\times2)]\times2$	0.50
12	白色乳胶漆〔全屋顶面（除卫生间、厨房外）〕	m²	$(5.16-0.13)\times4.67+(1.15-0.22)\times(4.67-2.7)-3.65\times3.31+0.26\times(3.65\times2+3.31\times2)+(0.3-0.26)\times(5.16-0.13-0.45\times2+4.67-0.45\times2)\times2+(4.42-0.22-0.2)\times(0.91+1.46+0.9)-2.89\times2.17+0.26\times(2.89\times2+2.17\times2)+(0.3-0.26)\times(4.42-0.2-0.45\times2+0.91+1.46+0.9-0.45\times2)\times2+(4.56-0.2)\times3.55-3.46\times2.65+0.26\times(3.46\times2+2.65\times2)+(0.3-0.26)\times(4.56-0.2-0.35\times2+3.55-0.35\times2)\times2+1.36\times(2.01+0.87+0.44+4.67-2.7)+(0.3-0.1)\times(0.76+4.98)\times2+3.05\times5.61+3.55\times1.2+3.07\times1.2+0.89\times0.9+(1.87+0.2+2.41-2.21-0.9)\times(0.89+0.13-0.16)+(0.91+1.46+0.9)\times(0.58\times2+0.22)+(4.67-2.7)\times(0.38\times2+0.22)+1.5\times(1.83-0.98+0.47)+1.35\times(1.83-0.98+0.47+0.52+1.28)+2.65\times3.46+3.31\times3.65+2.89\times2.17$	114.08

3）本工程防火涂料按照计算规范，应用"木构件喷刷防火涂料以平方米为计量单位

时，按设计图示尺寸以面积计算"的计算规则，防火涂料工程量计算见表 1-27。

表 1-27 防火涂料工程量计算

序号	名称	单位	计算式	工程量
13	防火涂料（全屋）	m²	$(5.16-0.13)\times 4.67+(1.15-0.22)\times(4.67-2.7)+(4.42-0.22-0.2)\times(0.91+1.46+0.9)+(4.56-0.2)\times 3.55+1.36\times(2.01+0.87+0.44+4.67-2.7)$	61.07

三、知识拓展

1. 木材面油漆工程量

会议室双开门节点如图 1-24 所示，门洞尺寸为 1.2m×2.1m，墙厚 240mm。分别计算其门扇、门套的油漆工程量。

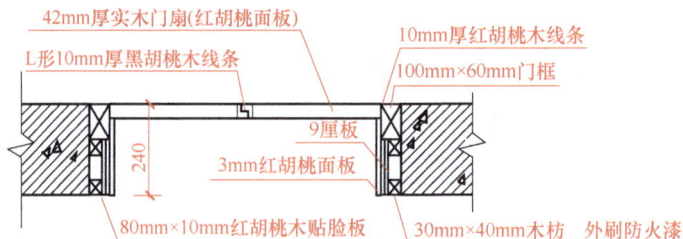

图 1-24 双开门节点

本工程按照计算规范，应用"木护墙、木墙裙油漆，窗台板、筒子板、盖板、门窗套、踢脚线油漆，清水板条天棚、檐口油漆，木方格吊顶天棚油漆，吸音板墙面、天棚面油漆，暖气罩油漆，其他木材面油漆按设计图示尺寸以面积计算"的计算规则，门扇油漆工程量 = $(1.2\times 2.1)\,m^2 = 2.52\,m^2$，门套油漆工程量 = $[0.24\times(1.2+2.1\times 2)]\,m^2 = 1.30\,m^2$。

2. 金属构件油漆工程量

仓库装有防盗钢窗栅，如图 1-25 所示，四周外框及两横档为 30mm×30mm×2.5mm 角钢，角钢 1.18kg/m，中间为 Φ8 钢筋，Φ8 钢筋 0.395kg/m，计算其油漆工程量。

本工程按照计算规范，应用"金属面油漆以吨为计量单位时，按设计图示尺寸以质量计算，以平方米为计量单位时，按设计展开面积计算"的计算规则，角钢长度 = $(2.1\times 2+1.2\times 4)\,m = 9m$，Φ8 钢筋长度 = $(2.1\times 26)\,m = 54.6m$，重量 = $(1.18\times 9+0.395\times 54.6)\,kg = 32.19kg = 0.03219t$。

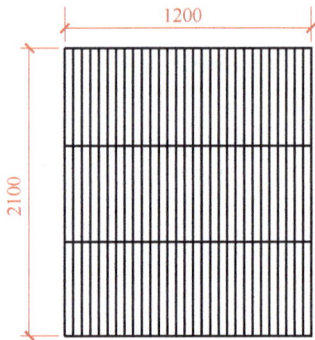

图 1-25 防盗钢窗栅

任务七 其他工程的计算

一、任务准备

1. 课前准备

（1）设计说明

（2）图样：家具尺寸图、立面图、天棚图

2. 知识点

（1）暖气罩

暖气罩有挂板式、平墙式、明式、半凸半凹式。挂板式是指钩挂在暖气片上的暖气罩；平墙式是指凹入墙内的暖气罩；明式是指突出墙面的暖气罩；半凸半凹式是指一部分在墙内，一部分在墙外的暖气罩。

（2）美术字安装工程

美术字安装工程的内容包括美术字的制作、现场的拼装、安装固定、清理等全过程。

（3）金属装饰线

金属装饰线用于装饰面的压边线、收口线以及装饰画、装饰镜面的框边线，也可用在广告牌、灯光箱、显示牌上作边框或框架。

（4）压条和装饰线的区别

1）压条用于平接面、相交面、对接面的衔接口处；装饰线用于分界面、层次面及封口处。

2）压条断面小，外形简单；装饰线断面比压条大，外形较复杂，装饰效果较好。

3）压条的主要作用是遮盖接缝，并使饰面平整；装饰线主要作用是使饰面美观，增加装饰效果。

二、任务实施

1. 计算规则

（1）计算柜类、货架工程量的规定

柜类按实际图示尺寸以正投影面积计算。

（2）计算压条、装饰线工程量的规定

压条、装饰线按设计图示尺寸以长度计算。

（3）计算扶手、栏杆、栏板装饰工程量的规定

扶手、栏杆、栏板装饰按设计图示以扶手中心线长度（包括弯头长度）计算。

（4）计算暖气罩工程量的规定

暖气罩（包括脚的高度）按设计图示尺寸垂直投影面积（不展开）计算。

（5）计算厕浴配件工程量的规定

1）洗漱台按设计图示尺寸以台面外接矩形面积计算，不扣除孔洞、挖弯、削角所占面积，挡板、吊沿板面积并入台面面积内，也可按设计图示数量计算。

2）毛巾杆（架）、毛巾环、帘子杆、浴缸拉手、肥皂盒、卫生纸盒、晒衣架、卫生间扶手等按设计图示数量计算。

3）镜面玻璃按设计图示尺寸以边框外围面积计算。

4）镜箱按设计图示数量计算。

（6）计算雨篷、旗杆工程量的规定

1）雨篷吊挂饰面、玻璃雨篷按设计图示尺寸水平投影面积计算。

2）金属旗杆按设计图示数量计算。

3）电动升降系统和风动系统按套数计算。

（7）计算招牌、灯箱工程量的规定

1）平面、箱式招牌按设计图示尺寸以正立面边框外围面积计算。复杂的凸凹造型部分

柜类、货架

不增加面积。

2）竖式标箱、灯箱、信报箱按设计图示数量计算。

（8）计算美术字工程量的规定

美术字按设计图示数量计算。

2. 项目列项

本工程其他工程列项见表 1-28。

招牌、暖气罩

表 1-28　其他工程列项

序号	子目名称
1	30mm 混油成品花线（餐厅 A 立面）
2	10mm 厚混油成品花线（餐厅 A 立面）
3	30mm 混油成品花线（客厅 A 立面）
4	10mm 厚混油成品花线（主卧背景墙）
5	30mm 混油成品花线（主卧背景墙）
6	成品石膏线（餐厅、客厅、主卧）
7	浴房收纳柜（主卫）
8	浴室柜（客卫）
9	定制衣柜（衣帽间）
10	定制衣柜（主卧）
11	定制衣柜（走廊）
12	定制衣柜（次卧）
13	成品书柜（书房）
14	定制收纳柜（厨房）
15	定制酒柜（餐厅）
16	定制装饰柜（客厅）
17	手纸盒（主卫）
18	手纸盒（客卫）

3. 据图算量

1）本工程线条按照计算规范，应用"压条、装饰线按设计图示尺寸以长度计算"的计算规则，线条工程量计算见表 1-29。

表 1-29　线条工程量计算

序号	名称	单位	计算式	工程量
1	30mm 混油成品花线（餐厅 A 立面）	m	$[(2.1-0.03)\times2+0.53\times2]\times2+(2.1-0.03)\times2+1.82\times2$	18.18
2	10mm 厚混油成品花线（餐厅 A 立面）	m	$(2.1-0.03)\times4+(0.26-0.05\times2)\times4$	8.92

（续）

序号	名称	单位	计算式	工程量
3	30mm 混油成品花线（客厅 A 立面）	m	(0.48×5-0.15×2+0.84-0.03×2)×4	11.52
4	10mm 厚混油成品花线（主卧背景墙）	m	0.18×4+2.02×4	8.80
5	30mm 混油成品花线（主卧背景墙）	m	2.02×6+(0.53-0.03×2)×4+(2.26-0.03×2)×2	18.40
6	成品石膏线（餐厅、客厅、主卧）	m	(3.46+2.65)×2+(3.65+3.31)×2+(2.89+2.17)×2	36.26

2）本工程柜类按照计算规范，应用"柜类按实际图示尺寸以正投影面积计算"的计算规则，柜类工程量计算见表 1-30。

表 1-30 柜类工程量计算

序号	名称	单位	计算式	工程量
7	浴房收纳柜（主卫）	m²	1.0×2.69	2.69
8	浴室柜（客卫）	m²	1.2×2.69	3.23
9	定制衣柜（衣帽间 1.5m×2.69m）	m²	1.5×2.69	4.04
10	定制衣柜（衣帽间 1.25m×2.69m）	m²	1.25×2.69	3.36
11	定制衣柜（主卧）	m²	1.85×2.69	4.98
12	定制衣柜（走廊）	m²	0.89×2.69	2.39
13	定制衣柜（次卧）	m²	2.69×1.886	5.07
14	成品书柜（书房）	m²	2.8×2.69×2	15.06
15	定制收纳柜（厨房）	m²	1.19×0.6×2	1.43
16	定制酒柜（餐厅）	m²	4.42×2.69	11.89
17	定制装饰柜（客厅）	m²	2.7×2.69	7.26

3）本工程厕浴配件按照计算规范，应用"毛巾杆（架）、毛巾环、帘子杆、浴缸拉手、肥皂盒、卫生纸盒、晒衣架、卫生间扶手等按设计图示数量计算"的计算规则，厕浴配件工程量计算见表 1-31。

表 1-31 厕浴配件工程量计算

序号	名称	单位	计算式	工程量
18	手纸盒（主卫）	个	1	1
19	手纸盒（客卫）	个	1	1

三、知识拓展

如图 1-26 所示，钢管比重为 7.85kg/cm³，计算广告牌构件工程量（基础部分不予考虑）。

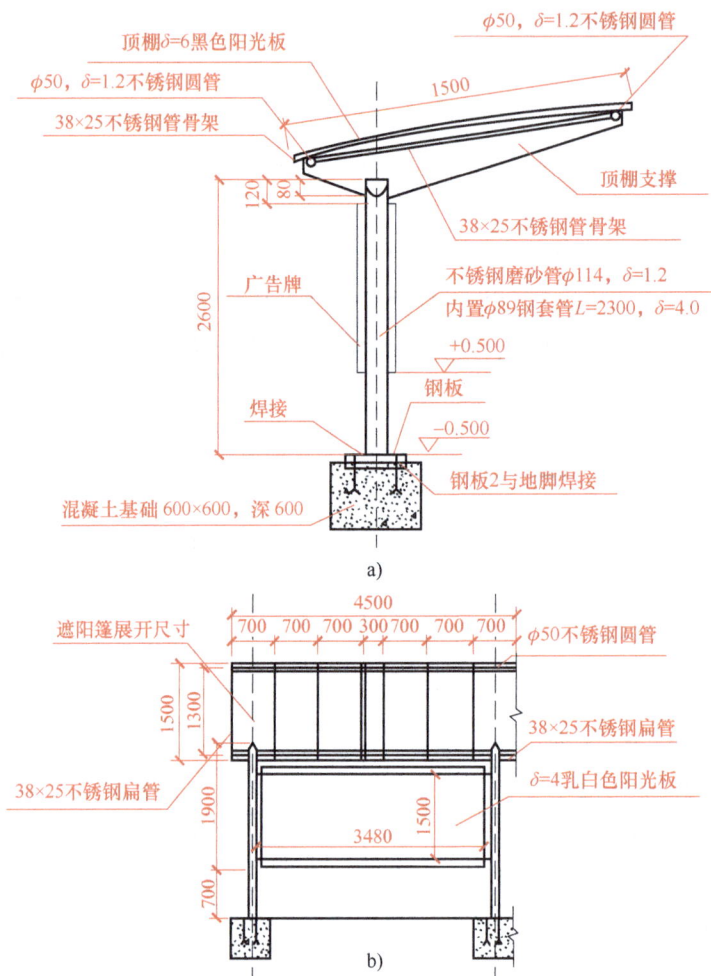

顶棚δ=6黑色阳光板
φ50，δ=1.2不锈钢圆管
φ50，δ=1.2不锈钢圆管
1500
38×25不锈钢管骨架
顶棚支撑
38×25不锈钢管骨架
120
80
广告牌
不锈钢磨砂管φ114，δ=1.2
内置φ89钢套管L=2300，δ=4.0
2600
+0.500
焊接
钢板
−0.500
混凝土基础 600×600，深 600
钢板2与地脚焊接

a)

遮阳篷展开尺寸
4500
700 700 700 300 700 700 700
φ50不锈钢圆管
1500
1300
38×25不锈钢扁管
δ=4乳白色阳光板
38×25不锈钢扁管
1900
3480
1500
700

b)

图 1-26　广告牌

本工程按照计算规范，应用"平面、箱式招牌按设计图示尺寸以正立面边框外围面积计算。复杂的凹凸造型部分不增加面积"的计算规则，7.85kg/cm³=7850kg/m³，故

1）黑色阳光板工程量 = (1.5×4.5)m² = 6.75m²。

2）φ50 不锈钢圆管工程量 = (4.5×2×3.14×0.05×0.0012×7850)kg = 13.31kg。

3）38×25 不锈钢扁管工程量 = [(4.5×2+1.3×7)×(0.038+0.025)×2×0.0012×7850]kg = 21.48kg。

4）乳白色阳光板工程量 = (1.5×3.48×2)m² = 10.44m²。

5）立柱 φ114，δ=1.2 不锈钢磨砂管工程量 = (2.6×2×3.14×0.114×0.0012×7850)kg = 17.53kg。

6）φ89，δ=4.0 钢套管工程量 = (2.3×2×3.14×0.089×0.004×7850)kg = 40.37kg。

任务八　措施项目的计算

一、任务准备

1. 课前准备

（1）设计说明

（2）图样：平面图、立面图

脚手架

2. 知识点

（1）满堂脚手架的计算高度

底层以设计室外地坪算至天棚底为准；楼层以楼面至天棚底为准，即净高；斜屋面以平均高度计算；吊顶天棚的木楞施工高度超过 3.6m，但天棚的高度未超过 3.6m，应按木楞施工高度计算室内净高。

（2）安装满堂脚手架后的室内净面积

计算室内净面积时，不扣除柱、垛所占的面积。

（3）安全过道脚手架

安全过道脚手架是沿水平方向在一定高度搭设的脚手架，上面铺满脚手板，下面可围人行通道、车辆通道等。搭设水平防护架的目的主要是防止建筑物上材料落下伤人，多为临街一面或建筑物的一些主要通道搭设。

（4）斜挑式安全笆

斜挑式安全笆是指从建筑物内部挑出的一种脚手架，常用于外墙面的局部装修，如腰线、花饰。

（5）安全网

安全网是建筑工人在高空进行建筑施工、安装设备时，在其上或其下设置的防止操作人员受伤或材料掉落伤人的棕绳网或尼龙网。

（6）成品保护

成品保护具体包括楼地面、楼梯、台阶、独立柱、内墙保护等保护，其材料包括麻袋、3mm 胶合板、彩条纤维布、其他材料等。

（7）垂直运输高度

设计室外地坪以上部分是指室外地坪至相应楼面的高度，室外地坪以下部分是指室外地坪至相应地（楼）面的高度。

（8）垂直运输费

垂直运输费不包括特大型机械进出场及安拆费。垂直运输费包括单位工程在合理工期内完成全部工作项目所需的垂直运输机械台班产生的费用，而塔式起重机的基础及轨道铺拆，机械的场外往返运输，一次安拆及路基铺垫等费用应另行计算。

成品保护、
垂直运输

（9）檐高

檐高是指设计室外地坪至檐口的高度。突出主体建筑屋顶的电梯间、水箱间等不计入檐高之内。建筑物超高是指建筑物的设计檐口高度超过定额规定的极限高度（即檐高 20m 以上），并且檐口高度在 20m 以上的单层

或多层建筑物均可计算超高增加费。

（10）超高增加费

超高增加费是以人工降效和机械降效来计算的，其费用包括人工上下班降低工效，上班工作前休息及自然增加的时间，从而增加的人工费；由于人工降效引起的机械降效。

二、任务实施

1. 计算规则

（1）计算综合脚手架工程量的规定

综合脚手架按建筑面积计算。

（2）计算单项脚手架工程量的规定

1）外脚手架、里脚手架、整体提升架、外装饰吊篮按所服务对象的垂直投影面积计算。

2）悬空脚手架、满堂脚手架按搭设的水平投影面积计算。

3）挑脚手架按搭设长度乘以搭设层数以延长米计算。

（3）计算垂直运输工程量的规定

垂直运输按建筑面积计算，也可按施工工期日历天数计算。

（4）计算建筑物超高增加费的规定

建筑物超高增加按建筑物超高部分的建筑面积计算。

（5）安全文明施工及其他措施项目

安全文明施工、夜间施工、已完工程及设备保护按工程项目以项计算。

2. 项目列项

为施工方便，本工程采用满堂脚手架；因本项目层高未超过 3.6m，故不需计算垂直运输费。本工程需计算工程量的项目为满堂脚手架。

3. 据图算量

本工程按照计算规范，应用"悬空脚手架、满堂脚手架按搭设的水平投影面积计算"的计算规则，满堂脚手架工程量计算见表1-32。

表1-32 满堂脚手架工程量计算

名称	单位	计算式	工程量
满堂脚手架	m²	$4.12×1.83+1.86×1.87+(2.21-1.87-0.24)×(0.89+0.13-0.15)+6.3×4.67-1.15×(2.7+0.24)+4.42×(0.91+1.46+1.06-0.15)+1.35×(2.01+0.87+0.44+4.67-2.7+0.13+0.89)+0.9×0.89+1.190×5.55+(3.44-1.19)×(1.85+0.43-0.15)+0.2×0.77+0.87×0.2+1.46×0.2+(4.42-0.61-2.35)×0.15+0.85×0.2+0.87×0.2+0.24×(0.89+0.13-0.15)+5.61×3.05+4.56×3.55+1.2×3.55+1.76×0.2+1.35×(3.55-2.59+2.16)+1.5×(3.55-2.59+2.16-1.28-0.52)+4.56×3.07+1.2×3.07+1.55×0.2$	135.85

三、知识拓展

垂直运输费按檐高划分为 20m、40m、60m、80m、100m、120m。

项目二　工程量清单文件编制

⎆》 知识目标

1. 了解工程量清单及清单计价的基本内容
2. 熟悉编制工程量清单的方法
3. 掌握编制工程量清单计价文件的方法

⎆》 素养目标

1. 培养责任意识
2. 养成一丝不苟的学习态度和自觉学习的良好习惯
3. 培养科学严谨的工作态度
4. 加强团结协作、开拓创新的精神

⎆》 项目概述

招标工程量清单应由招标人负责编制，若招标人不具有编制工程量清单的能力，则可根据《工程造价咨询企业管理办法》（建设部令第 149 号）的规定，委托具有工程造价咨询性质的工程造价咨询人编制。

招标工程量清单必须作为招标文件的组成部分，其准确性（数量不能算错）和完整性（不缺项漏项）应由招标人负责。招标人应将工程量清单连同招标文件一起发（售）给投标人。投标人依据工程量清单进行投标报价时，对工程量清单不负有核实的义务，更不具有修改和调整的权利。如招标人委托工程造价咨询人编制工程量清单，其责任仍由招标人负责。

本项目以附图工程（港澳花园雅居）为主线，重点介绍建筑装饰工程工程量清单的编制要领，达到快速、准确地编制工程量清单并形成工程量清单计价文件的目的。围绕职业能力的形成，体现"做中教、做中学"的职业教育特色，以任务驱动的方式完成实际工作任务，培养学生的实际操作能力。

任务一　编制工程量清单

一、任务准备

1. 课前准备

（1）《建设工程工程量清单计价标准》

（2）图样：所有图样

2. 知识点

（1）工程量清单

工程量清单是按照招标文件、施工图和技术资料要求，将拟建招标工程的全部项目内容，依据《房屋建筑与装饰工程工程量计算标准》（GB/T 50854—2024）的规定，计算拟招标工程项目的全部分部分项工程的实物工程量和措施项目清单、技术性措施项目，并以统一的计量单位和表式列出的工程量表，常用的有招标工程量清单和已标价工程量清单。

招标工程量清单是招标人依据国家标准、招标文件、设计文件以及施工现场实际情况编制的，随招标文件发布供投标报价的工程量清单，包括其说明和表格。

已标价工程量清单是构成合同文件组成部分的投标文件中已标明价格，经算术性错误修正（如有）且承包人已确认的工程量清单，包括其说明和表格。

（2）编制工程量清单的依据

1）《建设工程工程量清单计价标准》（GB/T 50500—2024）和《房屋建筑与装饰工程工程量计算标准》（GB/T 50854—2024）。

2）国家或省级、行业建设主管部门颁发的工程计量与计价相关规定，以及根据工程需要补充的工程量计算规则。

3）工程招标图样及其相关资料。

4）与建设工程有关的技术规范标准。

5）招标文件，拟定的合同条款及相关资料。

6）施工现场情况、相关地勘水文资料、工程特点及交付标准。

7）其他相关资料。

（3）工程量清单的编制原则

1）符合五个统一。工程量清单编制必须符合五个统一的要求，即项目编码统一、项目名称统一、项目特征统一、计量单位统一、工程量计算规则统一，并应满足方便管理、规范管理以及工程计价的要求。

2）遵守有关的法律法规以及招标文件的相关要求。工程量清单必须遵守《中华人民共和国民法典》及《中华人民共和国招标投标法》的要求。工程量清单是招标文件的核心，编制清单必须以招标文件为准则。

3）工程量清单的编制依据应齐全。受委托的编制人首先要检查招标人提供的图样、资料等编制依据是否齐全，必要的情况下还应到现场进行调查取证，力求工程量清单编制依据的齐全。

4）工程量清单编制应准确合理。工程量的计算应准确，清单项目的设置应合理、不漏不重，还应建立健全工程量清单编制审查制度，确保工程量清单编制的全面性、准确性和合

工程量清单概述

工程量清单编制
及费用构成

理性，提高清单编制的质量和服务质量。

（4）编制工程量清单的主要作用

1）招标人编制并确定标底价的依据。

2）投标人编制投标报价、策划投标方案的依据。

3）招标投标签订工程合同的依据。

4）办理工程结算和竣工结算的依据。

（5）工程量清单编制的一般规定

1）招标工程量清单应由具有编制能力的招标人或受其委托、具有相应资质的工程造价咨询人编制。

2）招标工程量清单必须作为招标文件的组成部分，其准确性和完整性应由招标人负责。

3）招标工程量是工程量清单计价的基础，应作为编制最高投标限价、投标报价、计算和调整工程量、索赔等的依据之一。

4）招标工程量清单应以单位（项）工程为单位编制，应由分部分项工程项目清单、措施项目清单、其他项目清单、规费和税金项目清单组成。

（6）工程量清单的格式

工程量清单应采用统一格式。工程量清单应由招标人填写，其格式应由下列内容组成：

① 封面。

　　　　　　　　　　　　　　　　　工程

　　　　　　　　　　　　招标工程量清单

　　招标人：＿＿＿＿＿＿＿＿＿＿＿＿＿＿＿＿＿　（单位盖章）

　　编制时间：＿＿＿＿＿＿＿＿＿＿＿＿＿＿＿

---

② 填表须知。

a. 工程量清单及计价格式中所有要求签字、盖章的地方，必须由规定的单位和人员签字、盖章。

b. 工程量清单及计价格式中列明所有需要填报的单价和合价，投标人均应填报，未填报的单价和合价，视为此项费用已包含在工程量清单的其他单价和合价中。

c. 金额（价格）均应以＿＿＿＿＿＿币表示。

③ 总说明。总说明应按下列内容填写：

a. 工程概况：建设规模、工程特征、计划工期、施工现场实际情况、交通运输情况、自然地理条件、环境保护要求等。

b. 工程招标和分包范围。

c. 工程量清单编制依据。

d. 工程质量、材料、施工等的特殊要求。

e. 招标人自行采购材料的名称、规格型号、数量等。

f. 预留金、自行采购材料的金额数量。

g. 其他需说明的问题。

④ 分部分项工程量清单，见表2-1。

表 2-1　分部分项工程量清单

工程名称：　　　　　　　　　　　　　　　　　　　　　　　　　　　　　　第　页　共　页

项目编码	项目名称	项目特征	计量单位	工程量

⑤ 措施项目清单（单价措施项目工程量清单）。

⑥ 其他项目清单。

⑦ 零星工作项目，见表2-2。

表 2-2　零星工作项目

工程名称：　　　　　　　　　　　　　　　　　　　　　　　　　　　　　　第　页　共　页

序号	名称	计量单位	工程量
1	人工：		
2	材料：		
3	机械：		

（7）分部分项工程量清单的编制内容

分部分项工程是分部工程与分项工程的总称。分部工程是单位工程的组成部分，是按结构部位及施工特点或施工任务将单位工程划分为若干分部工程，如房屋建筑与装饰工程分为土石方工程、桩基工程、砌筑工程、混凝土及钢筋混凝土工程、门窗工程、楼地面装饰工程、天棚工程等分部工程。分项工程是分部工程的组成部分，是按不同施工方法、材料、工序等将分部工程分为若干个分项或项目的工程，如天棚工程分为天棚抹灰、天棚吊顶、天棚采光、天棚其他装饰等分项工程。

分部分项工程量清单必须载明项目编码、项目名称、项目特征、计量单位和工程量，这五个要件在分部分项工程量清单中缺一不可。分部分项工程量清单必须根据各专业工程计量规范规定的五个要件进行编制，分部分项工程和单价措施项目清单与计价表不只是编制招标工程量清单的表式，也是编制最高投标限价、投标总价和竣工结算的最基本用表。

1）项目编码。项目编码是指分项工程和措施项目工程量清单项目名称的阿拉伯数字标识的顺序码。工程量清单项目编码应采用12位阿拉伯数字表示，1~9位应按《房屋建筑与装饰工程工程量计算标准》（GB/T 50854—2024）附录规定设置，10~12位应根据拟建工程的工程量清单项目名称设置，同一招标工程的项目编码不得有重码。各位数字的含义如下：

① 第一、二位为专业工程代码。房屋建筑与装饰工程为01，仿古建筑工程为02，通用安装工程为03，市政工程为04，园林绿化工程为05，矿山工程为06，构筑物工程为07，城市轨道交通工程为08，爆破工程为09。

② 第三、四位为专业工程附录分类顺序码。在《房屋建筑与装饰工程工程量计算标准》（GB/T 50854—2024）附录中，房屋建筑与装饰工程共分为16部分，其各自专业工程附录分类顺序码分别为：附录 A 土石方工程，附录分类顺序码为01；附录 B 地基处理与边坡支

护工程，附录分类顺序码为 02；附录 C 桩基工程，附录分类顺序码为 03；附录 D 砌筑工程，附录分类顺序码为 04；附录 E 混凝土及钢筋混凝土工程，附录分类顺序码为 05；附录 F 金属结构工程，附录分类顺序码为 06；附录 G 木结构工程，附录分类顺序码为 07；附录 H 门窗工程，附录分类顺序码为 08；附录 J 屋面及防水工程，附录分类顺序码为 09；附录 K 保温、隔热、防腐工程，附录分类顺序码为 10；附录 L 楼地面装饰工程，附录分类顺序码为 11；附录 M 墙、柱面装饰与隔断、幕墙工程，附录分类顺序码为 12；附录 N 天棚工程，附录分类顺序码为 13；附录 P 油漆、涂料、裱糊工程，附录分类顺序码为 14；附录 Q 其他装饰工程，附录分类顺序码为 15；附录 R 措施项目，附录分类顺序码为 16。

③ 第五、六位为分部工程顺序码。以天棚工程为例，在《房屋建筑与装饰工程工程量计算标准》（GB/T 50854—2024）附录 N 中，天棚工程共分为 4 节，其各自分部工程顺序码分别为：N.1 天棚抹灰，分部工程顺序码为 01；N.2 天棚吊顶，分部工程顺序码为 02；N.3 天棚其他装饰，分部工程顺序码为 03；N.4 其他规定，分部工程顺序码为 04。

④ 第七至九位分项工程项目名称顺序码。以天棚工程中天棚吊顶为例，在《房屋建筑与装饰工程工程量计算标准》（GB/T 50854—2024）附录 N 中，天棚吊顶共分为 8 项，其各自分项工程项目名称顺序码分别为：平面吊顶天棚 001，跌级吊顶天棚 002，艺术造型吊顶天棚 003，格栅吊顶 004，吊筒吊顶 005，藤条造型悬挂吊顶 006，织物软雕吊顶 007，装饰网架吊顶 008。

⑤ 第十至十二位清单项目名称顺序码。以天棚工程中吊筒吊顶为例，按《房屋建筑与装饰工程工程量计算标准》（GB/T 50854—2024）的有关规定，吊筒吊顶需描述的清单项目特征包括：吊筒形状、规格，吊筒材料种类，防护材料种类。清单编制人员在对吊筒吊顶进行编码时，即可在全国统一九位编码 011302003 的基础上，根据不同的吊筒形状、规格，吊筒材料种类，防护材料种类等因素，对第十至十二位编码自行设置，编制出清单项目名称顺序码 001、002、003、004……

例如：011101001 水泥砂浆楼地面中

01	11	01	001	001	
					第五级为清单项目名称顺序码，由工程量清单编制人编制，从 001 开始
					第四级为分项工程名称顺序码，001 表示水泥砂浆楼地面
					第三级为分部工程名称顺序码，01 表示整体面层及找平层
					第二级为专业工程附录分类顺序码，11 表示附录 L 楼地面装饰工程
					第一级为专业工程代码，01 表示房屋建筑与装饰工程

2）项目名称。分部分项工程量清单的项目名称应按《房屋建筑与装饰工程工程量计算标准》（GB/T 50854—2024）附录的项目名称结合拟建工程的实际确定。确定项目名称时应考虑如下因素：

① 施工图。

②《房屋建筑与装饰工程工程量计算标准》（GB/T 50854—2024）附录中的项目名称。

③《房屋建筑与装饰工程工程量计算标准》（GB/T 50854—2024）附录中的项目特征，包括项目的要求、材料的规格、型号、材质等特征要求。

④ 拟建工程的实际情况。

3）项目特征。项目特征是表征构成分部分项工程项目、措施项目自身价值的本质特征，是对体现分部分项工程量清单、措施项目清单的特有属性和本质特征的描述。分部分项工程量清单的项目特征应按《房屋建筑与装饰工程工程量计算标准》（GB/T 50854—2024）附录中规定的项目特征，结合拟建工程项目的实际特征予以描述。

① 项目特征的作用。

a. 项目特征是区分清单项目的依据。工程量清单项目特征是用来表述分部分项工程量清单项目的实质内容，用于区分计价规范中同一清单条目下各个具体的清单项目的。没有项目特征的准确描述，对于相同或相似的清单项目名称，就无从区分。

b. 项目特征是确定综合单价的前提。由于工程量清单项目的特征决定了工程实体的实质内容，必然直接决定了工程实体的自身价值。因此，工程量清单项目特征描述得准确与否，直接关系到工程量清单项目综合单价的准确确定。

c. 项目特征是履行合同义务的基础。实行工程量清单计价，工程量清单及其综合单价是施工合同的组成部分，因此，如果工程量清单项目特征的描述不清甚至漏项、错误，导致在施工过程中更改，就会发生分歧，甚至引起纠纷。

② 项目特征的要求。为达到规范、简捷、准确、全面地描述项目特征的要求，在描述工程量清单项目特征时应注意以下几点：

a. 涉及正确计量的内容必须描述。如 010802002 彩板门，当以樘为单位计量时，项目特征需要描述门洞口尺寸；当以 m² 为单位计量时，门洞口尺寸描述的意义不大，可不描述。

b. 涉及材质要求的内容必须描述。如油漆的品种，是调和漆还是硝基清漆等；管材的材质，是碳钢管还是塑钢管、不锈钢管等；混凝土构件混凝土的种类，是清水混凝土还是彩色混凝土，是预拌（商品）混凝土还是现场搅拌混凝土。

c. 对计量计价没有实质影响的内容可以不描述，应由投标人根据施工方案确定的可以不描述，应由投标人根据当地材料和施工要求确定的可以不描述，应由施工措施解决的可以不描述。

d. 对采用标准图集或施工图能够全部或部分满足项目特征描述要求的，项目特征描述可直接采用详见××图集或××图号的方式。

e. 对注明由投标人根据施工现场实际自行考虑决定报价的，项目特征可不描述。

4）计量单位。分部分项工程量清单的计量单位应按《房屋建筑与装饰工程工程量计算标准》（GB/T 50854—2024）附录中规定的计量单位确定。标准中的计量单位均为基本单位，与定额中所采用的基本单位扩大一定的倍数不同。如质量以 t 或 kg 为单位，长度以 m 为单位，面积以 m² 为单位，体积以 m² 为单位，自然计量的以个、件、套、组、樘为单位。当计量单位有两个或两个以上时，应根据所编工程量清单项目的特征要求，选择最适宜表现该项目特征并方便计量的单位。例如，门窗工程有樘和 m² 两个计量单位，实际工作中，就应该选择最适宜、最方便计量的单位来表示。

5）工程量。分部分项工程量清单中所列工程量应按《房屋建筑与装饰工程工程量计算标准》（GB/T 50854—2024）附录中规定的工程量计算规则计算。

6）工作内容。工作内容是指为了完成分部分项工程项目或措施项目所需要发生的具体施工作业内容。《房屋建筑与装饰工程工程量计算标准》（GB/T 50854—2024）附录中给出的是一个清单项目所可能发生的工作内容，在确定综合单价时需要根据清单项目特征中的要求，或根据工程具体情况，或根据常规施工方案，从中选择其具体的施工作业内容。

工作内容不同于项目特征，在清单编制时不需要描述。项目特征体现的是清单项目质量或特性的要求或标准，工作内容体现的是完成一个合格的清单项目需要具体做的施工作业，对于一项明确了分部分项工程的项目或措施项目，工作内容确定了其工程成本。

如 010809001 木窗台板，其项目特征为：①基层材料种类；②窗台板材质、规格、颜色；③防护材料种类。工作内容为：①基层清理；②基层制作、安装；③窗台板制作、安装；④刷防护材料。通过对比可以看出，"窗台板材质、规格、颜色"是对窗台板质量标准的要求，属于项目特征；"窗台板制作、安装"是窗台板制作、安装过程中的工艺和方法，体现的是如何做，属于工作内容。

7）补充项目。随着工程建设中新材料、新技术、新工艺等的不断涌现，《房屋建筑与装饰工程工程量计算标准》（GB/T 50854—2024）附录所列的工程量清单项目不可能包含所有项目。在编制工程量清单时，当出现规范附录中未包括的清单项目时，编制人应做补充，并报省级或行业工程造价管理机构备案，省级或行业工程造价管理机构应汇总后报住房和城乡建设部标准定额研究所。

工程量清单项目的补充应涵盖项目编码、项目名称、项目描述、计量单位、工程量计算规则以及包含的工作内容，按《房屋建筑与装饰工程工程量计算标准》（GB/T 50854—2024）附录中相同的列表方式表述。

补充项目的编码由专业工程代码（工程量计算规范代码）与 B 和三位阿拉伯数字组成，并应从××B001 起顺序编制，同一招标工程的项目不得重码。

（8）工程量清单计价的格式

工程量清单计价应采用统一格式，此格式应随招标文件发全投标人。投标人填好之后作为标书的一部分，在规定的时间内报送给招标机构。工程量清单计价包括清单封面，投标总价扉页，工程项目总表，单项工程费汇总表，单位工程费汇总表，分部分项工程项目清单计价表，措施项目清单构成明细分析表，其他项目清单与计价表，规费、税金项目计价表，材料和机械设备项目清单，分部分项工程量清单综合单价分析表，主要材料价格表等。

① 清单封面。

```
_____工程

                    投标总价

招标人：_____ （单位盖章）

编制时间：_____
```

② 投标总价扉页。

工程名称：_____

标段名称：_____

投标总价（小写）：_____

　　　　　（大写）：_____

投标人：_____ （单位签字盖章）

法定代表人或授权人：_____ （签字或盖章）

编制人：_____ （签字及盖章）

编制时间：_____

③ 工程项目总价，见表 2-3。

表 2-3　工程项目总价

工程名称：　　　　　　　　　　　　　　　　　　　　　　第　页　共　页

序号	单项工程名称	金额/元
	合计	

④ 单项工程费汇总，见表 2-4。

表 2-4　单项工程费汇总

工程名称：　　　　　　　　　　　　　　　　　　　　　　第　页　共　页

序号	单项工程名称	金额/元
	合计	

⑤ 单位工程费汇总，见表2-5。

表2-5 单位工程费汇总

工程名称：   第 页 共 页

序号	项目名称	金额/元
1	分部分期工程量清单计价合计	
2	措施项目清单计价合计	
3	其他项目清单计价合计	
4	规费	
5	税金	
	合计	

⑥ 分部分项工程项目清单计价，见表2-6。

表2-6 分部分项工程项目清单计价

工程名称：   第 页 共 页

项目编码	项目名称	项目特征	计量单位	工程量	金额/元	
					综合单价	合价
	楼地面工程					
020102001001	大理石地面	500×500mm，20mm厚1：3水泥砂浆找平层	m²	20	250.00	5000
⋮	⋮		⋮	⋮	⋮	⋮
	墙柱面工程					
020201001001	水刷豆石墙面	水刷豆石，砖墙面12mm×12mm	m²	200	26.00	5200
020204003001	陶瓷墙面	200mm×150mm砂浆粘贴墙面	m²	10	85.00	850.00
⋮	⋮		⋮	⋮	⋮	⋮
	本页小计					
	合计					

⑦ 措施项目清单计价表。措施项目清单应根据拟建工程的实际情况列项。措施项目清单的编制需考虑多种因素，除工程本身的因素外，还涉及水文、气象、环境、安全等因素。由于影响措施项目设置的因素太多，计量规范不可能将施工中可能出现的措施项目一一列出。在编制措施项目清单时，因工程情况不同，出现计量规范附录中未列的措施项目，可根据工程的具体情况对措施项目清单做补充。

措施项目费用的发生与使用时间、施工方法或两个以上的工序相关，并基本与实际完成的实体工程量的大小关系不大，如安全文明施工，夜间施工，非夜间施工照明，二次搬运，冬、雨期施工，地上地下设施，建筑物的临时保护设施，已完工程及设备保护等。措施项目中不能计算工程量的清单，以项为计量单位进行编制，见表2-7。

表 2-7 措施项目清单构成明细与分析

工程名称：　　　　　　　标段：　　　　　　　　　　　　　　　　第 页 共 页

序号	项目编码	措施项目名称	计算基础	费率（%）	价格/元	价格构成明细/元					备注
						人工费	材料费	施工机具使用费	管理费	利润	
1		措施项目清单 1									
1.1		构成明细 1									
1.2		构成明细 2									
		……									
2		措施项目清单 2									
		合计									

注：采用费率计价方式的，应分别填写"计算基础""费率""价格"列数值；采用总价计价方式的，可只填"价格"列数值。

⑧ 其他项目清单计价表。工程建设标准的高低、复杂程度、工期长短、工程的组成内容、发包人对工程管理的要求都直接影响其他项目清单的具体内容。

其他项目清单应按暂列金额、暂估价、计日工、总承包服务费列项，其他项目清单宜按表的格式编制，出现上述未列项目，应根据工程实际情况补充，见表 2-8。

表 2-8 其他项目清单与计价

工程名称：　　　　　　　标段：　　　　　　　　　　　　　　　　第 页 共 页

序号	项目名称	暂估金额/元	结算金额/元	调整金额/元	备注
1	暂列金额				
2	暂估价				
2.1	材料（工程设备）暂估价/结算价				
2.2	专业工程暂估价/结算价				
3	计日工				
4	总承包服务费				
5	索赔与现场签证				
	合计				

注：材料（工程设备）暂估单价计入工程量清单项目综合单价，此处不计入。

暂列金额是招标人在工程量清单中暂定并包括在合同价款中的一笔款项。《建设工程工程量清单计价标准》中明确规定暂列金额用于施工合同签订时尚未确定或者不可预见的所需材料、设备、服务的采购，施工中可能发生的工程变更、合同约定调整因素出现时的工程价款调整以及发生的索赔、现场签证确认等的费用，见表2-9。

表2-9　暂列金额

工程名称：　　　　　　标段：　　　　　　　　　　　　　　　　　第　页　共　页

序号	项目名称	计算基础	费率（%）	暂定金额/元	确定金额/元	调整金额±/元	备注
1	合同价格调整暂列金额						
2	未确定工程暂列金额						
2.1							
3	未确定服务暂列金额						
3.1							
4	未确定其他暂列金额						
4.1							
	本页小计	—	—				—
	合计	—	—				—

注：1. 本表由招标人填写"暂定金额"总额，采用费率计价方式计算暂定金额的，应分别填写"计算基础""费率"，并计算填写"暂定金额"；采用总价计价方式计算暂定金额的，可直接填写"暂定金额"。

2. 投标人应将上述暂定金额填写并计入投标总价。

3. 结算时应按合同约定计算并填写"确定金额"。

暂估价是指招标阶段直至签订合同协议时，招标人在招标文件中提供的用于支付必然要发生但暂时不能确定价格的材料以及专业工程的金额。暂估价类似于FIDIC（国际咨询工程师联合会）合同条款中的Prime Cost Items，在招标阶段预见肯定要发生，只是因为标准不明确或者需要由专业承包人完成，暂时无法确定价格。暂估价数量和拟用项目应当结合工程量清单中的"暂估价表"予以补充说明。

专业工程的暂估价应是综合暂估价，包括除规费和税金以外的管理费、利润等。总承包招标时，专业工程设计深度往往是不够的，一般需要交由专业设计人设计，出于提高可建造性的考虑，国际上的惯例是一般由专业承包人负责设计，以发挥其专业技能和专业施工经验的优势。这类专业工程交由专业分包人完成是国际工程的良好实践，目前在我国工程建设领域也很普遍。公开、透明、合理地确定这类暂估价的实际开支金额的最佳途径就是通过施工总承包人与工程建设项目招标人共同组织招标。

暂估价中的材料、工程设备暂估单价应根据工程造价信息或市场价格估算，列出明细表；专业工程暂估价应分不同专业，按有关计价规定估算，列出明细表。暂估价可按照表的格式列出，见表2-10、表2-11。

表 2-10　材料（工程设备）暂估单价及调整

工程名称：　　　　　　标段：　　　　　　　　　　第　页　共　页

序号	材料名称	规格型号	计量单位	暂估			确认			调整金额/元	备注
				数量	单价/元	合价/元	数量	单价/元	合价/元		
				A_1	B_1	C_1	A_2	B_2	C_2	$D=C_2-C_1$	
本页小计							—	—		—	
合计							—	—		—	

注：本表可由招标人填写"暂估单价"栏，并在备注栏说明拟用暂估价材料的清单项目，投标人应将上述材料暂估单价计入工程量清单综合单价。

表 2-11　专业工程暂估价及结算价

工程名称：　　　　　　标段：　　　　　　　　　　第　页　共　页

序号	专业工程名称	暂估金额/元			确认金额/元			调整金额/元	备注
		不含税价格	增值税	含税价格	不含税价格	增值税	含税价格		
		A_1	B_1	C_1	A_2	B_2	C_2	$D=C_2-C_1$	

（续）

序号	专业工程名称	暂估金额/元			确认金额/元			调整金额/元	备注
		不含税价格	增值税	含税价格	不含税价格	增值税	含税价格		
		A_1	B_1	C_1	A_2	B_2	C_2	$D=C_2-C_1$	
	本页小计								
	合计								—

注：本表"暂估金额"由招标人填写，投标人应将"暂估金额"填写并计入投标总价。结算时应按合同约定的价格填写"确认金额"。

计日工是为了解决现场发生的零星工作的计价而设立的。国际上常见的标准合同条款中，大多数都设立了计日工计价机制。计日工对完成零星工作所消耗的人工工时、材料数量、施工机械台班进行计量，并按照计日工表中填报的适用项目的单价进行计价支付。计日工适用的零星工作，一般是指合同约定之外或者因变更而产生的、工程量清单中没有相应项目的额外工作，尤其是那些时间不允许事先商定价格的额外工作。

编制工程量清单时，"项目名称""计量单位""暂估数量"由招标人填写；编制最高投标限价时，人工、材料、施工机械综合单价由招标人按有关计价规定填写并计算合价；编制投标报价时，人工、材料、施工机械综合单价由投标人自主确定，按已给暂估数量计算合价计入投标总价中，计日工见表2-12。

表2-12　计日工

工程名称：　　　　　　标段：　　　　　　　　　　　　　　第　页　共　页

编号	项目名称	单位	暂定数量	实际数量	综合单价/元	合价/元		调整金额/元
						暂定	实际	
						A	A_2	$B=A_2-A$
一	人工							
1								
2								
			人工小计					
二	材料							
1								
2								

（续）

编号	项目名称	单位	暂定数量	实际数量	综合单价/元	合价/元		调整金额/元
						暂定	实际	
						A	A_2	$B = A_2 - A$
	材料小计							
三	施工机械							
1								
2								
	施工机械小计							
四	企业管理费和利润							
	总计							

注：此表项目名称、暂定数量由招标人填写，编制最高投标限价时，单价由招标人按有关规定确定；投标时，单价由投标人自主确定，按暂定数量计算合价计入投标总价中；结算时，按发承包双方确定的实际数量计算合价。

总承包服务费是为了解决招标人在法律法规允许的条件下进行专业工程发包以及自行供应材料、工程设备，并需要总承包人对发包的专业工程提供协调和配合服务，对甲供材料、工程设备提供收、发和保管服务以及进行施工现场管理时发生并向总承包人支付的费用。招标人应预计该项费用，并按投标人的投标报价向投标人支付该项费用。

总承包服务费应列出服务项目及其内容。编制招标工程量清单时，招标人应将拟定进行专业分包的专业工程、自行采购的材料设备等决定清楚，填写项目名称、服务内容，以便投标人决定报价；编制最高投标限价时，招标人按有关计价规定计价；编制投标报价时，由投标人根据工程量清单中的总承包服务内容，自主决定报价；办理竣工结算时，发承包双方应按承包人已标价工程量清单中的报价计算，如发承包双方确定调整的，按调整后的金额计算，总承包服务费和索赔与现场签证见表2-13、表2-14。

表2-13 总承包服务费

工程名称：　　　　　　　标段：　　　　　　　　　　　　第　页　共　页

序号	项目名称	计算基础	费率（%）	金额/元	确认计算基础	结算金额/元	调整金额/元	备注
		A_1	B	C_1	A_2	C_2	$D = C_2 - C_1$	
1	发包人提供材料							
2	专业分包工程							
3	直接发包的专业工程							

（续）

序号	项目名称	计算基础	费率（%）	金额/元	确认计算基础	结算金额/元	调整金额/元	备注
		A_1	B	C_1	A_2	C_2	$D=C_2-C_1$	
	本页小计							
	合计	—	—					

注：1. 本表项目名称、服务内容应由招标人填写。

　　2. 编制最高投标限价及投标报价时，采用费率计价方式计算总承包服务费的，应分别填写"计算基础 A_1""费率 B"，并计算填写"金额 C_1"，$C_1=A_1×B$；采用总价计价方式计算总承包服务费的，可直接填写"金额 C_1"。

　　3. 编制结算时，采用费率计价方式计算总承包服务费的，应填写"确认计算基础 A_2"，并计算填写"结算金额 C_2"，$C_2=A_2×B$；采用总价计价方式计算总承包服务费的，可直接填写"结算金额 C_2"。

表 2-14　索赔与现场签证

序号	签证及索赔项目名称	计量单位	数量	单价/元	合价/元	索赔及签证依据
1						
2						
	本页小计					
	合计					

注：签证及索赔依据是指经双方认可的签证单和索赔依据的编号。

⑨ 规费、税金项目清单。根据住房和城乡建设部、财政部印发的《建筑安装工程费用项目组成》规定，规费包括工程排污费、社会保险费（养老保险费、失业保险费、医疗保险费、工伤保险费、生育保险费）、住房公积金。规费作为政府和有关权力部门规定必须缴纳或计取的费用，编制人对《建筑安装工程费用项目组成》未包括的规费项目，在编制规费项目清单时应根据省级政府或省级有关权力部门的规定列项。税金是指国家税法规定应计入建筑安装工程造价内的营业税、城市建设维护税、教育费附加和地方教育附加。如国家税法发生变化，税务部门依据职权增加了税种，应对税金项目清单进行补充，见表 2-15。

表 2-15　规费、税金项目计价

工程名称：　　　　　　　　标段：　　　　　　　　　　　　　　　　第　页　共　页

序号	项目名称	计算基础	计算基数	计算费率（%）	金额/元
1	规费	定额人工费			
1.1	社会保险费	定额人工费			
（1）	养老保险费	定额人工费			
（2）	失业保险费	定额人工费			
（3）	医疗保险费	定额人工费			
（4）	工伤保险费	定额人工费			

（续）

序号	项目名称	计算基础	计算基数	计算费率（%）	金额/元
（5）	生育保险费	定额人工费			
1.2	住房公积金	定额人工费			
1.3	工程排污费	按工程所在地环境保护部门收取标准，按实计入			
2	税金	分部分项工程费+措施项目费+其他项目费+规费-按规定不计税的工程设备金额			
合计					

编制人：　　　　　　　　复核人（造价工程师）：

⑩ 材料和机械设备项目清单。

a. 发包人提供材料和机械设备。《建设工程质量管理条例》第十四条规定："按照合同约定，由建设单位采购建筑材料、建筑构配件和设备的，建设单位应当保证建筑材料、建筑构配件和设备符合设计文件和合同要求。"《建设工程工程量清单计价标准》（GB/T 50500—2024）根据上述法律条文对发包人提供材料和机械设备的情况进行了如下约定：

发包人提供的材料和工程设备（以下简称甲供材料）应在招标文件中按照规定填写"发包人提供材料一览"，见表 2-16，写明甲供材料的名称、规格、型号、数量、单价、合价、有效损耗率等。

表 2-16　发包人提供材料一览

工程名称：　　　　　　标段：　　　　　　　　　　　　　　第　页　共　页

序号	材料名称、规格、型号	单位	数量	单价/元	合价/元	有效损耗率（%）	备注

注：此表由招标人填写，供投标人在投标报价、确定总承包服务费时参考。

承包人投标时，甲供材料价格应计入相应项目的综合单价中，签约后，发包人应按合同约定扣除甲供材料款，不予支付。

承包人应根据合同工程进度计划的安排，向发包人提交甲供材料交货的日期计划，发包人应按计划提供。

发包人提供的甲供材料如规格、数量或质量不符合合同要求，或由于发包人原因发生交货日期延误、交货地点及交货方式变更等情况的，发包人应承担由此增加的费用和（或）工期延误，并应向承包人支付合理利润。

发承包双方对甲供材料的数量发生争议不能达成一致的，应按照相关工程的计价定额同类项目规定的材料消耗量计算。

若发包人要求承包人采购已在招标文件中确定为甲供材料的，材料价格应由发承包双方根据市场调查确定，并应另行签订补充协议。

b. 承包人提供材料和机械设备。《建设工程质量管理条例》第二十九条规定："施工单位必须按照工程设计要求、施工技术标准和合同约定，对建筑材料、建筑构配件、设备和商品混凝土进行检验，检验应当有书面记录和专人签字；未经检验或者检验不合格的，不得使用。"《建设工程工程量清单计价标准》(GB/T 50500—2024) 根据此法律条文对承包人提供材料和机械设备的情况进行了如下约定：

除合同约定的发包人提供的甲供材料外，合同工程所需的材料和机械设备应由承包人提供，承包人提供的材料和机械设备均应由承包人负责采购、运输和保管。

承包人应按合同约定将采购材料和机械设备的供货人、品种、规格、数量、供货时间等提交发包人确认，并负责提供材料和机械设备的质量证明文件，满足合同约定的质量标准。

对承包人提供的材料和机械设备经检测不符合合同约定的质量标准者，发包人应立即要求承包人更换，由此增加的费用和（或）工期延误应由承包人承担。对发包人要求检测承包人已具有合格证明的材料、机械设备，但经检测证明该项材料、机械设备符合合同约定的质量标准，发包人应承担由此增加的费用和（或）工期延误，并向承包人支付合理利润，承包人提供可调价主要材料见表 2-17、表 2-18。

表 2-17　承包人提供可调价主要材料一（适用于价格信息调差法）

工程名称：　　　　　　　标段：　　　　　　　　　　　　　　　　第　页　共　页

序号	名称、规格、型号	单位	数量	基准价 C_0/元	投标报价/元	风险幅度系数（%）	价格信息 C_i/元	价差 ΔC/元	价差调整金额 ΔP/元

注：1. 本表仅适用于物价变化引起合同价格调整事件使用。其中，招标人填写序号、名称、规格、型号、单位、基准价、风险幅度；投标人根据投标报价填写投标报价。

2. "数量"依据发承包双方在合同中明确的数量计算方式计算确定。

表 2-18　承包人提供可调价主要材料二（适用于价格指数调差法）

工程名称：　　　　　　　标段：　　　　　　　　　　　　　　　　第　页　共　页

序号	名称、规格、型号	变值权重 B	基本价格指数 F_0	现行价格指数 F_t	风险幅度系数（%）	价差调整金额 ΔP/元
	定值权重 A		—	—	—	—
	合计	1	—	—	—	—

注：1. "名称、规格、型号""基本价格指数"栏由招标人填写，人工也采用价格指数调差法调整的，由招标人在"名称"栏填写。

2. 本表仅适用于物价变化引起合同价格调整事件使用。

3. 分项计算可调价主要材料价差的，应在"价差调整金额"列分别填写金额，并计算合计金额；整体计算可调价主要材料价差的，可仅在"价差调整金额"列"合计"行填写。

⑪ 分部分项工程量清单综合单价分析，见表 2-19。

表 2-19 分部分项工程量清单综合单价分析

工程名称：   第 页 共 页

序号	项目编码	项目名称	工作内容	金额/元					综合单价/（元/m²）
				人工费	材料费	机械费	管理费	利润	
1	020102001001	大理石楼面 500mm×500mm，20mm 厚 1：3 水泥砂浆找平层，1：2 水泥砂浆结合层	面层	60.00	80.00	7.50	50.00	4.00	250.00
			找平层	7.50	25.00	3.00	10.00	3.00	
			小计	67.50	105.00	10.50	60.00	4.00	
		其他（略）							

⑫ 主要材料价格，见表 2-20。

表 2-20 主要材料价格

工程名称：   第 页 共 页

序号	材料编码	材料名称	型号、规格及特殊要求	单位	单价/元
1	AG0202	楼地面大理石板	500mm×500mm	m²	157.50
2	AG0447	铝合金扣板	银白色	m²	75.00
3	ED0381	铜管	φ50	m	99.00
⋮	⋮	⋮	⋮	⋮	⋮

二、任务实施

案例工程（港澳花园雅居）工程量清单，见附录 A。

任务二 工程量清单计价

一、任务准备

1. 课前准备

（1）《建设工程工程量清单计价标准》

（2）图样：所有图样

2. 知识点

（1）分部分项工程量清单项目综合单价的确定

综合单价是为完成工程量清单项目所必需的人工费、材料费和施工机械台班费（常称"三费"或直接费）、管理费和利润，并考虑风险因素等六个部分。"三费"等于"三量"乘以相应的"三价"。可用 ∑（工程量清单项目消耗量×单价）表示。这里的人、材、机消耗量可用《全国统一建筑装饰装修工程消耗量定额》（GYD 901—2002）中的人、材、机消耗量标准确定，或按企业定额确定。

"三费"确定之后，考虑管理费、利润和风险因素，这一部分费用为竞争性费用，应分别计算。计算时，可根据实际情况考虑（包括工程情况、施工企业的自身水平以及竞争程度），将综合计算的费用形成费率，再分摊到各个清单项目中去。

各清单项目的"三费"与综合费率分摊部分之和即为综合单价。

（2）建筑装饰工程量清单预算编制

建筑装饰工程预算的编制步骤与方法同一般土建工程施工图预算的编制步骤与方法基本相似，主要有实物造价法、单位估价法以及综合单价法等，预算编制的主要步骤如下：

1）收集资料，摸清情况。在编制预算前，应收集编制预算所需要的各种资料，此外还要摸清甲方的意图和要求，装饰材料的堆放场地与施工地点的距离、运输条件等，以便确定是否计算材料二次搬运费和夜间施工增加费等。

2）熟悉施工图内容，掌握设计意图。施工图是计算工程量、套用预算定额的主要依据，因此必须认真阅读以下内容：

① 墙柱面的标高和截面尺寸，装饰材料及做法，装饰部位与其他构件（如门窗、天棚、空调、灯具等）的联结处理措施，隔墙隔断的施工工艺等。

② 楼地面的各种装饰材料和施工尺寸（如大厅、餐厅、酒吧台、舞台、舞池、茶座席、客房、楼梯、栏杆、山水等不同要求）。

③ 天棚的骨架、面板和构造。

④ 门窗的类型及材料。

⑤ 油漆、涂料、裱糊等的部位及要求。

⑥ 室内装饰条、装饰线、装饰灯、装饰镜、装饰柜、吧台、柜台等的尺寸及做法要求。

在读完图样之后，如发现有不明确或疑问处，应立即向有关部门反映。

3）列分部分项工程量清单。按照不多列、不重复、不漏项的原则，列出分部分项工程量清单。

4）计算实体工程量。工程量是以规定的计量单位（自然计量单位或法定计量单位）所表示的各分项（子项）工程或结构构件的数量，它是编制预算造价的主要基础数据。工程量的正确与否直接影响到预算造价的准确性。

在读通施工图的基础上，先阅读图样的总说明，再按照"计价规范"的编排顺序，对照图样的相关内容，阅读分部说明及工程量计算规则，选列项目计算实体工程量。

5）计算并确定分部分项综合单价。全费用综合单价经综合计算后生成。按照《建设工程工程量清单计价标准》、《全国统一装饰装修工程消耗量定额》，计算人、材、机费单价，计算相关的分摊费用，并确定工程量清单项目综合单价。在选套定额时，应注意定额的换算使用。

6）计算分部分项工程费。

$$实物工程量清单计价合计 = \sum (清单项目工程量 \times 综合单价) \qquad (2-1)$$

7）计算并确定措施项目清单、其他项目清单和零星工作项目表。

8）计算措施项目清单价格、其他项目清单价格。

$$措施项目清单计价合计 = \sum (各措施项目费) \qquad (2-2)$$

9）单位工程造价计算。

$$单位工程预算造价 = \sum (分项工程费) + 措施项目费合计 + 其他项目费合计 + 规费 + 税金 \qquad (2-3)$$

二、任务实施

案例工程（港澳花园雅居）最高投标限价文件，见附录B。

附　录

附录 A　港澳花园雅居工程量清单

_____港澳花园雅居_____工程

招标工程量清单

招　标　人：_____

（单位盖章）

年　月　日

工程名称：<u>港澳花园雅居</u>

招标工程量清单

编制人：　　　　　　　　　（造价专业人员签字及盖章）

审核人：　　　　　　　　　（签字及盖章）

编制单位：　　　　　　　　（盖章）

法定代表人

或其授权人：　　　　　　　（签字或盖章）

招标人：　　　　　　　　　（盖章）

法定代表人：

或其授权人：　　　　　　　（签字或盖章）

编制时间：

表 A-1 分部分项工程项目清单计价

工程名称：港澳花园雅居

序号	项目编码	项目名称	项目特征描述	计量单位	工程量	金额/元	
						综合单价	合价
		楼地面工程					
1	011101006001	平面砂浆找平层	找平层厚度、砂浆种类：20mm、干混地面砂浆 M20	m²	73.75		
2	011102003001	块料楼地面	1. 工程部位：主卫、客卫 2. 找平层厚度、砂浆种类：20mm，干混地面砂浆 M20 3. 结合层砂浆配合比：水泥砂浆 1∶2.5 4. 面层材料品种、规格、颜色：陶瓷锦砖、300mm×300mm、灰色	m²	11.11		
3	011104002001	竹、木（复合）地板	1. 工程部位：主卧、次卧、书房、衣帽间 2. 龙骨材料种类、铺设层数：木龙骨、单层 3. 面层材料品种、规格：复合地板、1200mm×150mm	m²	62.09		
4	011102003002	块料楼地面	1. 工程部位：客厅、餐厅、走廊、厨房 2. 找平层厚度、砂浆种类：20mm，干混地面砂浆 M20 3. 结合层砂浆配合比：水泥砂浆 1∶2.5 4. 面层材料品种、规格、颜色：陶瓷锦砖、800mm×800mm、灰色	m²	61.26		
5	011105003001	块料踢脚线	1. 工程部位：客厅、餐厅、走廊 2. 踢脚线高度：100mm 3. 粘贴层厚度、材料种类：10mm、水泥砂浆 1∶2 4. 面层材料品种：瓷砖	m²	2.55		
6	011105005001	木质踢脚线	1. 工程部位：主卧、次卧、书房、衣帽间 2. 踢脚线高度：100mm 3. 基层材料种类：云石胶	m²	5.84		
7	011108001001	石材零星项目	1. 找平层砂浆配合比：水泥砂浆 1∶2 2. 结合层材料种类：水泥砂浆 1∶2.5 3. 面层材料品种、颜色：陶瓷锦砖、黑色	m²	1.39		

序号	项目编码	项目名称	项目特征描述	计量单位	工程量	金额/元	
						综合单价	合价
8	011003001001	防腐涂料	1. 工程部位：块料楼地面 2. 材料品种：养护液	m²	127.32		
		墙柱面工程					
9	011203003001	块料墙面	1. 工程部位：客厅 2. 墙体类型：内墙面 3. 安装方式：粘贴 4. 面层材料品种：文化砖斜拼	m²	5.51		
10	011205001001	墙面装饰板	1. 基层材料种类：大芯板 2. 面层材料种类：奥松板	m²	2.74		
11	011203003002	块料墙面	1. 工程部位：主客卫 2. 墙体类型：内墙面 3. 安装方式：粘贴 4. 面层材料品种、规格、颜色：抛光砖、300mm×600mm、灰色	m²	52.94		
12	011203003003	块料墙面	1. 工程部位：厨房 2. 墙体类型：内墙面 3. 安装方式：粘贴 4. 面层材料品种：拼花釉面砖	m²	6.15		
13	011207003001	成品隔断	隔断材料品种：玻璃	m²	5.12		
		天棚工程					
14	011302001001	吊顶天棚	1. 工程部位：主卫、客卫、厨房 2. 龙骨材料种类：U 型轻钢龙骨 3. 面层材料品种、规格：方形铝扣板、300mm×300mm	m²	22.51		
15	011302002001	吊顶天棚	1. 龙骨材料种类：双层楞方木天棚龙骨 2. 基层材料种类：石膏板 3. 面层材料种类：乳胶漆	m²	61.07		
16	011302002002	吊顶天棚	1. 工程部位：客厅、餐厅、主卧、走廊 2. 基层材料：石膏板	m²	46.88		
17	011303002001	送风口、回风口	1. 风口材料品种、规格：铝合金风口、300mm×300mm 2. 安装固定方式：嵌入式	个	3		
18	011303001001	灯带（槽）	1. 灯带型式：嵌顶灯带 2. 格栅片材料品种：亚光铝 3. 安装固定方式：嵌入式	m	36.86		

（续）

序号	项目编码	项目名称	项目特征描述	计量单位	工程量	金额/元	
						综合单价	合价
		门窗工程					
19	010802003001	防盗门	洞口尺寸：1.17m×2.1m	m²	2.46		
20	010805006001	复合材料门	材料种类：普通玻璃门	m²	13.04		
21	010807001001	金属（塑钢、断桥）窗	框、扇材质：塑钢	m²	24.69		
22	010801001001	木质门	门代号：全屋木门	樘	5		
23	010810002001	木窗帘盒	窗帘盒材质、规格：木质、130mm 宽	m	4.67		
24	010810002002	木窗帘盒	窗帘盒材质、规格：木质、200mm 宽	m	12.94		
25	010810003001	窗帘轨	1. 窗帘轨材质：铝合金 2. 轨的数量：单轨	m	17.61		
26	010810001001	窗帘	1. 窗帘材质：布帘 2. 窗帘层数：单层	m²	98.62		
		油漆、涂料、裱糊工程					
27	011405001001	墙纸裱糊	面层材料品种、颜色：壁纸、浅黄色	m²	15.08		
28	011403001001	抹灰面油漆	1. 油漆品种、刷漆遍数：乳胶漆、二遍 2. 造型：混油木柱造型	m²	1.25		
29	011403001002	抹灰面油漆	1. 油漆品种、刷漆遍数：乳胶漆、二遍 2. 工程部位、颜色：墙面、黄色	m²	3.77		
30	011403001003	抹灰面油漆	1. 油漆品种、刷漆遍数：乳胶漆、二遍 2. 工程部位、颜色：墙面、白色	m²	53.32		
31	011403001004	抹灰面油漆	1. 油漆品种、刷漆遍数：乳胶漆、二遍 2. 工程部位、颜色：墙面、白色混油饰面	m²	7.82		
32	011403001005	抹灰面油漆	1. 油漆品种、刷漆遍数：乳胶漆、二遍 2. 工程部位、造型：墙面、80mm 厚混油造型	m²	0.5		
33	011404002001	天棚喷刷涂料	1. 油漆品种、刷漆遍数：白色乳胶漆、二遍 2. 工程部位：天棚	m²	114.08		

（续）

序号	项目编码	项目名称	项目特征描述	计量单位	工程量	金额/元	
						综合单价	合价
34	011404007001	木材构件喷刷防火涂料	1. 喷刷防火涂料构件名称：木龙骨 2. 喷刷遍数：二遍	m²	61.07		
		其他工程					
35	011502001001	木质装饰线	线条材料品种、规格：混油成品花线、30mm	m	48.1		
36	011502001002	木质装饰线	线条材料品种、规格：混油成品花线、10mm	m	17.72		
37	011502001003	石膏装饰线	线条材料品种、颜色：成品石膏线、白色	m	36.26		
38	011501001001	浴房收纳柜	1. 台柜规格：1.0m×2.69m 2. 材料种类：木	m²	2.69		
39	011501001002	浴室柜	1. 台柜规格：1.2m×2.69m 2. 材料种类：木	m²	3.23		
40	011501001003	衣柜	1. 台柜规格：1.5m×2.69m 2. 材料种类：木	m²	4.04		
41	011501001004	衣柜	1. 台柜规格：1.25m×2.69m 2. 材料种类：木	m²	3.36		
42	011501001005	衣柜	1. 台柜规格：1.85m×2.69m 2. 材料种类：木	m²	4.98		
43	011501001006	衣柜	1. 台柜规格：0.89m×2.69m 2. 材料种类：木	m²	2.39		
44	011501001007	衣柜	1. 台柜规格：2.69m×1.886m 2. 材料种类：木	m²	5.07		
45	011501001008	书柜	1. 台柜规格：2.8m×2.69m 2. 材料种类：木	m²	15.06		
46	011501001009	定制收纳柜	1. 台柜规格：1.19m×0.6m 2. 材料种类：铝合金	m²	1.43		
17	011501001010	酒柜（定制酒柜）	1. 台柜规格：4.42m×2.69m 2. 材料种类：玻璃	m²	11.89		
48	011501001011	木壁柜（定制装饰柜）	1. 台柜规格：2.7m×2.69m 2. 材料种类：木	m²	7.26		
49	011505002001	卫生纸盒	材料品种、塑料	个	2		

注：为计取规费等的使用，可在表中增设"定额人工费"。

表 A-2 措施项目清单构成明细分析

工程名称：港澳花园雅居

序号	项目编码	措施项目名称	计算基础	费率（%）	价格/元	人工费	材料费	施工机具使用费	管理费	利润	备注
1	011601007	安全文明施工费									
1.1	011601007001	安全文明施工与环境保护费	分部分项人工费+技术措施项目人工费	5.5							
1.2	011601007002	临时设施费	分部分项人工费+技术措施项目人工费	2							
2	011601010001	雨期施工增加费	分部分项人工费+技术措施项目人工费	0.5							
3	011601014001	已完工程及设备保护费	分部分项人工费+技术措施项目人工费	0.8							
4	01B001	工程定位复测费	分部分项人工费+技术措施项目人工费	0.3							
5	011601013001	二次搬运费	分部分项人工费+技术措施项目人工费	0.1							
6	011601012001	特殊地区施工增加费	分部分项人工费+技术措施项目人工费	1.5							
		合计									

注：采用费率计价方式的，应分别填写"计算基础""费率""价格"列数值；采用总价计价方式的，可只填"价格"列数值。

表 A-3 规费、税金项目计价

工程名称：港澳花园雅居

序号	项目名称	计算基础	计算基数	计算费率（%）	金额/元
1	规费	社会保险费+住房公积金+水利建设基金+环境保护税			
1.1	社会保险费	养老保险+失业保险+基本医疗保险+工伤保险+生育保险			
（1）	养老失业保险	分部分项人工费+组织措施项目人工费+技术措施项目人工费+分部分项人工费调整+技术措施项目人工费调整		10.5	
（2）	基本医疗保险	分部分项人工费+组织措施项目人工费+技术措施项目人工费+分部分项人工费调整+技术措施项目人工费调整		3.7	
（3）	工伤保险	分部分项人工费+组织措施项目人工费+技术措施项目人工费+分部分项人工费调整+技术措施项目人工费调整		0.4	

（续）

序号	项目名称	计算基础	计算基数	计算费率（%）	金额/元
（4）	生育保险	分部分项人工费+组织措施项目人工费+技术措施项目人工费+分部分项人工费调整+技术措施项目人工费调整		0.3	
1.2	住房公积金	分部分项人工费+组织措施项目人工费+技术措施项目人工费+分部分项人工费调整+技术措施项目人工费调整		3.7	
1.3	水利建设基金	分部分项人工费+组织措施项目人工费+技术措施项目人工费+分部分项人工费调整+技术措施项目人工费调整		0.4	
1.4	环境保护税				
2	税金	税前工程造价		9	
合计					

编制人（造价人员）：　　　　　　　　　复核人（造价工程师）：

表 A-4　主要材料和工程设备选用

工程名称：港澳花园雅居

序号	材料设备名称	单位	市场价	数量	品牌	厂家	规格型号	备注
1	铜合页	个						
2	板枋材	m³						
3	板枋材杉木	m³						
4	胶合板	m²					δ3	
5	胶合板	m²					δ9	
6	胶合板	m²					δ12	
7	胶合板	m²					δ18	
8	木质饰面板	m²					δ3	
9	面砖	m²					400mm×500mm	
10	地砖	m²					800mm×800mm	
11	复合木地板	m²						
12	铝合金方板	m²					300mm×300mm	
13	厕浴隔断（成品含五金）	m²						
14	单扇套装平开实木门	樘						
15	全玻有框门扇	m²						
16	钢质防盗门	m²						
17	塑钢推拉窗（含 5mm 玻璃）	m²						
18	布窗帘	m²						
19	硬木踢脚线	m²					120mm×15mm	
20	干混地面砂浆 M20	m³						

注：本表中所列材料设备应仅限于承包人自行采购范围内的材料设备。本表格可以按照同样的格式扩展。

附录 B　港澳花园雅居工程最高投标限价

_____港澳花园雅居_____工程

最高投标限价

招　标　人：_____

（单位盖章）

年　月　日

工程名称：<u>港澳花园雅居</u>

最高投标限价

最高投标限价（小写）：123509
（大写）：<u>壹拾贰万叁仟伍佰零玖元整</u>

编制人：　　　　　　　　（造价专业人员签字及盖章）

审核人：　　　　　　　　（签字及盖章）

编制单位：　　　　　　　（盖章）

法定代表人

或其授权人：　　　　　　（签字或盖章）

招标人：　　　　　　　　（盖章）

法定代表人：

或其授权人：　　　　　　（签字或盖章）

编制时间：

表 B-1 工程项目清单汇总

工程名称：港澳花园雅居装修

序号	汇总内容	金额/元
1	分部分项工程	102559.62
1.1	楼地面工程	17765.50
1.2	墙柱面工程	7900.67
1.3	天棚工程	11896.44
1.4	门窗工程	20844.22
1.5	油漆、涂料、裱糊工程	6487.15
1.6	其他工程	35536.87
2	措施项目	5489.27
2.1	其中：安全文明施工费	2355.49
3	其他项目	
3.1	其中：暂列金额	
3.2	其中：专业工程暂估价	
3.3	其中：计日工	
3.4	其中：总承包服务费	
3.5	其中：材料检验试验费	
4	规费	6230.04
5	税金	9230.37
最高投标限价合计＝1+2+3+4+5		123509.30

注：本表适用于工程最高投标限价或投标总价的汇总。

表 B-2 分部分项工程项目清单计价

工程名称：港澳花园雅居

序号	项目编码	项目名称	项目特征描述	计量单位	工程量	综合单价	合价
		楼地面工程					
1	011101006001	平面砂浆找平层	找平层厚度、砂浆种类：20mm、干混地面砂浆 M20	m²	73.75	14.35	1058.31
2	011102003001	块料楼地面	1. 工程部位：主卫、客卫 2. 找平层厚度、砂浆种类：20mm、干混地面砂浆 M20 3. 结合层砂浆配合比：水泥砂浆 1:2.5 4. 面层材料品种、规格、颜色：陶瓷锦砖、300mm×300mm、灰色	m²	11.11	73.79	819.81

（续）

序号	项目编码	项目名称	项目特征描述	计量单位	工程量	综合单价	合价
3	011104002001	竹、木（复合）地板	1. 工程部位：主卧、次卧、书房、衣帽间 2. 龙骨材料种类、铺设层数：木龙骨、单层 3. 面层材料品种、规格：复合地板、1200mm×150mm	m²	62.09	134.93	8377.80
4	011102003002	块料楼地面	1. 工程部位：客厅、餐厅、走廊、厨房 2. 找平层厚度、砂浆种类：20mm、干混地面砂浆 M20 3. 结合层砂浆配合比：水泥砂浆1∶2.5 4. 面层材料品种、规格、颜色：陶瓷锦砖、800mm×800mm、灰色	m²	61.26	80.8	4949.81
5	011105003001	块料踢脚线	1. 工程部位：客厅、餐厅、走廊 2. 踢脚线高度：100mm 3. 粘贴层厚度、材料种类：10mm、水泥砂浆1∶2 4. 面层材料品种：瓷砖	m²	2.55	89.94	229.35
6	011105005001	木质踢脚线	1. 工程部位：主卧、次卧、书房、衣帽间 2. 踢脚线高度：100mm 3. 基层材料种类：云石胶	m²	5.84	201.26	1175.36
7	011108001001	石材零星项目	1. 找平层砂浆配合比：水泥砂浆1∶2 2. 结合层材料种类：水泥砂浆1∶2.5 3. 面层材料品种、颜色：陶瓷锦砖、黑色	m²	1.39	154.99	215.44
8	011003001001	防腐涂料	1. 工程部位：块料楼地面 2. 材料品种：养护液	m²	127.32	7.38	939.62
		分部小计					17765.5
		墙柱面工程					
9	011203003001	块料墙面	1. 工程部位：客厅 2. 墙体类型：内墙面 3. 安装方式：粘贴 4. 面层材料种类：文化砖斜拼	m²	5.51	149.7	824.85

（续）

序号	项目编码	项目名称	项目特征描述	计量单位	工程量	金额/元	
						综合单价	合价
10	011205001001	墙面装饰板	1. 基层材料种类：大芯板 2. 面层材料种类：奥松板	m²	2.74	52.8	144.67
11	011203003002	块料墙面	1. 工程部位：主客卫 2. 墙体类型：内墙面 3. 安装方式：粘贴 4. 面层材料品种、规格、颜色：抛光砖、300mm×600mm、灰色	m²	52.94	96.62	5115.06
12	011203003003	块料墙面	1. 工程部位：厨房 2. 墙体类型：内墙面 3. 安装方式：粘贴 4. 面层材料品种：拼花釉面砖	m²	6.15	96.61	594.15
13	011207003001	成品隔断	隔断材料品种：玻璃	m²	5.12	238.66	1221.94
		分部小计					7900.67
		天棚工程					
14	011302001001	吊顶天棚	1. 工程部位：主卫、客卫、厨房 2. 龙骨材料种类：U型轻钢龙骨 3. 面层材料品种、规格：方形铝扣板、300mm×300mm	m²	22.51	126.69	2851.79
15	011302002001	吊顶天棚	1. 龙骨材料种类：双层楞方木天棚龙骨 2. 基层材料种类：石膏板 3. 面层材料种类：乳胶漆	m²	61.07	111.13	6786.71
16	011302002002	吊顶天棚	1. 工程部位：客厅、餐厅、主卧、走廊 2. 基层材料：石膏板	m²	46.88	21.89	1026.2
17	011303002001	送风口、回风口	1. 风口材料品种、规格：铝合金风口、300mm×300mm 2. 安装固定方式：嵌入式	个	3	93.46	280.38
18	011303001001	灯带（槽）	1. 灯带型式：嵌顶灯带 2. 格栅片材料品种：亚光铝 3. 安装固定方式：嵌入式	m	36.86	25.81	951.36
		分部小计					11896.44
		门窗工程					
19	010802003001	防盗门	洞口尺寸：1.17m×2.1m	m²	2.46	509.54	1253.47
20	010805006001	复合材料门	材料种类：普通玻璃门	m²	13.04	314.72	4103.95

（续）

序号	项目编码	项目名称	项目特征描述	计量单位	工程量	综合单价	合价
						金额/元	
21	010807001001	金属（塑钢、断桥）窗	框、扇材质：塑钢	m²	24.69	268.36	6625.81
22	010801001001	木质门	门代号：全屋木门	樘	5	899.37	4496.85
23	010810002001	木窗帘盒	窗帘盒材质、规格：木质、130mm 宽	m	4.67	42	196.14
24	010810002002	木窗帘盒	窗帘盒材质、规格：木质、200mm 宽	m	12.94	42	543.48
25	010810003001	窗帘轨	1. 窗帘轨材质：铝合金 2. 轨的数量：单轨	m	17.61	13.79	242.84
26	010810001001	窗帘	1. 窗帘材质：布帘 2. 窗帘层数：单层	m²	98.62	34.29	3381.68
		分部小计					20844.22
		油漆、涂料、裱糊工程					
27	011405001001	墙纸裱糊	面层材料品种、颜色：壁纸、浅黄色	m²	15.08	42.96	647.84
28	011403001001	抹灰面油漆	1. 油漆品种、刷漆遍数：乳胶漆、二遍 2. 造型：混油木柱造型	m²	1.25	58.78	73.48
29	011403001002	抹灰面油漆	1. 油漆品种、刷漆遍数：乳胶漆、二遍 2. 工程部位、颜色：墙面、黄色	m²	3.77	21.77	82.07
30	011403001003	抹灰面油漆	1. 油漆品种、刷漆遍数：乳胶漆、二遍 2. 工程部位、颜色：墙面、白色	m²	53.32	26.15	1394.32
31	011403001004	抹灰面油漆	1. 油漆品种、刷漆遍数：乳胶漆、二遍 2. 工程部位、颜色：墙面、白色混油饰面	m²	7.82	11.31	88.44
32	011403001005	抹灰面油漆	1. 油漆品种、刷漆遍数：乳胶漆、二遍 2. 工程部位、造型：墙面、80mm厚混油造型	m²	0.5	58.78	29.39
33	011403001006	天棚喷刷涂料	1. 油漆品种、刷漆遍数：白色乳胶漆、二遍 2. 工程部位：天棚	m²	114.08	26.15	2983.19
34	011404007001	木材构件喷刷防火涂料	1. 喷刷防火涂料构件名称：木龙骨防火涂料 2. 喷刷遍数：二遍	m²	61.07	19.46	1188.42

（续）

序号	项目编码	项目名称	项目特征描述	计量单位	工程量	综合单价	合价
		分部小计					6487.15
		其他工程					
35	011502001001	木质装饰线	线条材料品种、规格：混油成品花线、30mm	m	48.1	7.26	349.21
36	011502001002	木质装饰线	线条材料品种、规格：混油成品花线、10mm	m	17.72	6.01	106.5
37	011502001003	石膏装饰线	线条材料品种、颜色：成品石膏线、白色	m	36.26	9.48	343.74
38	011501001001	浴房收纳柜	1. 台柜规格：1.0m×2.69m 2. 材料种类：木	m²	2.69	628.45	1690.53
39	011501001002	浴室柜	1. 台柜规格：1.2m×2.69m 2. 材料种类：木	m²	3.23	523.47	1690.81
40	011501001003	衣柜	1. 台柜规格：1.5m×2.69m 2. 材料种类：木	m²	4.04	494.52	1997.86
41	011501001004	衣柜	1. 台柜规格：1.25m×2.69m 2. 材料种类：木	m²	3.36	494.52	1661.59
42	011501001005	衣柜	1. 台柜规格：1.85m×2.69m 2. 材料种类：木	m²	4.98	494.52	2462.71
43	011501001006	衣柜	1. 台柜规格：0.89m×2.69m 2. 材料种类：木	m²	2.39	494.52	1181.9
44	011501001007	衣柜	1. 台柜规格：2.69m×1.886m 2. 材料种类：木	m²	5.07	494.52	2507.22
45	011501001008	书柜	1. 台柜规格：2.8m×2.69m 2. 材料种类：木	m²	15.06	663.32	9989.6
46	011501001009	定制收纳柜	1. 台柜规格：1.19m×0.6m 2. 材料种类：铝合金	m²	1.43	628.45	898.68
47	011501001010	酒柜（定制酒柜）	1. 台柜规格：4.42m×2.69m 2. 材料种类：玻璃	m²	11.89	501.74	5965.69
48	011501001011	木壁柜（定制装饰柜）	1. 台柜规格：2.7m×2.69m 2. 材料种类：木	m²	7.26	635.9	4616.63
49	011505002001	卫生纸盒	材料品种：塑料	个	2	37.1	74.2
		分部小计					35536.87
		合计				102559.62	

注：为计取规费等的使用，可在表中增设"定额人工费"。

表 B-3　综合单价分析

工程名称：港澳花园雅居　　　　　　　　　　标段：

项目编码	011101006001		项目名称	平面砂浆找平层	计量单位	m²	工程量	73.75

| | | | | | | | | | | | | | 清单综合单价组成明细 |

定额编号	定额项目名称	定额单位	数量	单价				合价			
				人工费	材料费	机械费	管理费和利润	人工费	材料费	机械费	管理费和利润
11-1	平面砂浆找平层混凝土或硬基层上 20mm	100m²	0.01	577.75	588.61	79.84	189.09	5.78	5.89	0.8	1.89
	人工单价		小计					5.78	5.89	0.8	1.89
综合工日 127.05 元/工日			未计价材料费						0		
	清单项目综合单价							73.79			

材料费明细	主要材料名称、规格、型号	单位	数量	单价/元	合价/元	暂估单价/元	暂估合价/元
	干混地面砂浆 M20	m³	0.0204	286.62	5.85		
	其他材料费	—			0.04	—	0
	材料费小计	—			5.89	—	0

注：招标文件提供了暂估单价的材料，按暂估的单价填入表内"暂估单价"栏及"暂估合价"栏。

表 B-4　措施项目清单构成明细分析

工程名称：港澳花园雅居

序号	项目编码	措施项目名称	计算基础	费率（%）	价格/元	价格构成明细/元					备注
						人工费	材料费	施工机具使用费	管理费	利润	
1	011601007	安全文明施工费			2355.49						
1.1	011601007001	安全文明施工与环境保护费	分部分项人工费+技术措施项目人工费	5.5	1727.36						
1.2	011601007002	临时设施费	分部分项人工费+技术措施项目人工费	2	628.13						
2	011601010001	雨期施工增加费	分部分项人工费+技术措施项目人工费	0.5	157.03						
3	011601014001	已完工程及设备保护费	分部分项人工费+技术措施项目人工费	0.8	251.26						

（续）

序号	项目编码	措施项目名称	计算基础	费率（%）	价格/元	价格构成明细/元					备注
						人工费	材料费	施工机具使用费	管理费	利润	
4	01B001	工程定位复测费	分部分项人工费+技术措施项目人工费	0.3	94.22						
5	011601013001	二次搬运费	分部分项人工费+技术措施项目人工费	0.1	31.4						
6	011601012001	特殊地区施工增加费	分部分项人工费+技术措施项目人工费	1.5	471.10						
合计					3360.50						

注：采用费率计价方式的，应分别填写"计算基础""费率""价格"列数值；采用总价计价方式的，可只填"价格"列数值。

表 B-5　规费、税金项目计价

工程名称：港澳花园雅居

序号	项目名称	计算基础	计算基数	计算费率（%）	金额/元
1	规费	社会保险费+住房公积金+水利建设基金+环境保护税	6230.04		6230.04
1.1	社会保险费	养老失业保险+基本医疗保险+工伤保险+生育保险	4885.66		4885.66
(1)	养老失业保险	分部分项人工费+组织措施项目人工费+技术措施项目人工费+分部分项人工费调整+技术措施项目人工费调整	32789.62	10.5	3442.91
(2)	基本医疗保险	分部分项人工费+组织措施项目人工费+技术措施项目人工费+分部分项人工费调整+技术措施项目人工费调整	32789.62	3.7	1213.22
(3)	工伤保险	分部分项人工费+组织措施项目人工费+技术措施项目人工费+分部分项人工费调整+技术措施项目人工费调整	32789.62	0.4	131.16
(4)	生育保险	分部分项人工费+组织措施项目人工费+技术措施项目人工费+分部分项人工费调整+技术措施项目人工费调整	32789.62	0.3	98.37
1.2	住房公积金	分部分项人工费+组织措施项目人工费+技术措施项目人工费+分部分项人工费调整+技术措施项目人工费调整	32789.62	3.7	1213.22

（续）

序号	项目名称	计算基础	计算基数	计算费率（%）	金额/元
1.3	水利建设基金	分部分项人工费+组织措施项目人工费+技术措施项目人工费+分部分项人工费调整+技术措施项目人工费调整	32789.62	0.4	131.16
1.4	环境保护税				
2	税金	税前工程造价	102559.62	9	9230.37
合计					15460.41

编制人（造价人员）：　　　　　　　　　复核人（造价工程师）：

表 B-6　主要材料和工程设备选用

工程名称：港澳花园雅居

序号	材料设备名称	单位	市场价	数量	品牌	厂家	规格型号	备注
1	铜合页	个	24.02	183.92376				
2	板枋材	m³	1501.5	1.567667				
3	板枋材杉木	m³	1501.5	0.913722				
4	胶合板	m²	11.54	73.57197			δ3	
5	胶合板	m²	20.41	140.17451			δ9	
6	胶合板	m²	26.62	33.95193			δ12	
7	胶合板	m²	29.18	129.19599			δ18	
8	木质饰面板	m²	10.12	350.12439			δ3	
9	面砖	m²	35.18	61.4536			400mm×500mm	
10	地砖	m²	47.19	63.7			800mm×800mm	
11	复合木地板	m²	79.87	65.205				
12	铝合金方板	m²	46.33	23.625			300mm×300mm	
13	厕浴隔断（成品含五金）	m²	188.76	5.376				
14	单扇套装平开实木门	樘	815.1	5				
15	全玻有框门扇	m²	184.47	13.04				
16	钢质防盗门	m²	463.32	2.406126				
17	塑钢推拉窗（含5mm玻璃）	m²	200.54	23.339457				
18	布窗帘	m²	30.03	103.551				
19	硬木踢脚线	m²	154.44	6.132			120mm×15mm	
20	干混地面砂浆 M20	m³	286.62	3.008796				

注：本表中所列材料设备应仅限于承包人自行采购范围内的材料设备。本表格可以按照同样的格式扩展。

表 B-7 分部分项工程项目清单综合单价分析

工程名称：港澳花园雅居

序号	项目编码	项目名称	项目特征描述	计量单位	综合单价组成明细/元					
					人工费	材料费	施工机具使用费	管理费	利润	综合单价
1	011101006001	平面砂浆找平层	找平层厚度、砂浆种类：20mm、干混地面砂浆 M20	m²	5.78	5.89	0.8	1.05	0.84	14.35
2	011102003001	块料楼地面	1. 工程部位：主卫、客卫 2. 找平层厚度、砂浆种类：20mm、干混地面砂浆 M20 3. 结合层砂浆配合比：水泥砂浆 1：2.5 4. 面层材料品种、规格、颜色：陶瓷锦砖、300mm×300mm、灰色	m²	18.02	49.09	0.8	3.27	2.62	73.79
3	011104002001	竹、木（复合）地板	1. 工程部位：主卧、次卧、书房、衣帽间 2. 龙骨材料种类、铺设层数：木龙骨、单层 3. 面层材料品种、规格：复合地板、1200mm×150mm	m²	13.09	114.42	3.13	2.38	1.9	134.93
4	011102003002	块料楼地面	1. 工程部位：客厅、餐厅、走廊、厨房 2. 找平层厚度、砂浆种类：20mm、干混地面砂浆 M20 3. 结合层砂浆配合比：水泥砂浆 1：2.5 4. 面层材料品种、规格、颜色：陶瓷锦砖、800mm×800mm、灰色	m²	18.28	55.75	0.8	3.32	2.66	80.8

（续）

序号	项目编码	项目名称	项目特征描述	计量单位	综合单价组成明细/元					
					人工费	材料费	施工机具使用费	管理费	利润	综合单价
5	011105003001	块料踢脚线	1. 工程部位：客厅、餐厅、走廊 2. 踢脚线高度：100mm 3. 粘贴层厚度、材料种类：10mm、水泥砂浆1:2 4. 面层材料品种：瓷砖	m²	37.57	40.09		6.83	5.46	89.94
6	011105005001	木质踢脚线	1. 工程部位：主卧、次卧、书房、衣帽间 2. 踢脚线高度：100mm 3. 基层材料种类：云石胶	m²	22.83	170.96		4.15	3.32	201.26
7	011108001001	石材零星项目	1. 找平层砂浆配合比：水泥砂浆1:2 2. 结合层材料种类：水泥砂浆1:2.5 3. 面层材料品种、颜色：陶瓷锦砖、黑色	m²	40.25	100.76	0.8	7.32	5.86	154.99
8	011003001001	防腐涂料	1. 部位：块料楼地面 2. 材料品种：养护液	m²	3.33	2.95		0.61	0.49	7.38
9	011203003001	块料墙面	1. 工程部位：客厅 2. 墙体类型：内墙面 3. 安装方式：粘贴 4. 面层材料品种：文化砖斜拼	m²	71.77	53.55	0.87	13.05	10.44	149.7
10	011205001001	墙面装饰板	1. 基层材料种类：大芯板 2. 面层材料种类：奥松板	m²	13.66	33.48	1.2	2.49	1.99	52.8

（续）

序号	项目编码	项目名称	项目特征描述	计量单位	人工费	材料费	施工机具使用费	管理费	利润	综合单价
11	011203003002	块料墙面	1. 工程部位：主客卫 2. 墙体类型：内墙面 3. 安装方式：粘贴 4. 面层材料品种、规格、颜色：抛光砖、300mm×600mm、灰色	m²	40.03	42.64	0.85	7.28	5.82	96.62
12	011203003003	块料墙面	1. 工程部位：厨房 2. 墙体类型：内墙面 3. 安装方式：粘贴 4. 面层材料品种：拼花釉面砖	m²	40.03	42.64	0.85	7.28	5.82	96.61
13	011207003001	成品隔断	隔断材料品种：玻璃	m²	30.48	198.2		5.54	4.43	238.66
14	011302001001	吊顶天棚	1. 工程部位：主卫、客卫、厨房 2 龙骨材料种类：U型轻钢龙骨 3. 面层材料品种、规格：方形铝扣板、300mm×300mm	m²	37.32	76.88	0.26	6.79	5.43	126.69
15	011302002001	吊顶天棚	1. 龙骨材料种类：双层楞方木天棚龙骨 2. 基层材料种类：石膏板 3. 面层材料种类：乳胶漆	m²	42.99	53.81	0.27	7.82	6.25	111.13
16	011302002002	吊顶天棚	1. 工程部位：客厅、餐厅、主卧、走廊 2. 基层材料：石膏板	m²	11.23	6.98		2.04	1.63	21.89

（续）

序号	项目编码	项目名称	项目特征描述	计量单位	综合单价组成明细/元					
					人工费	材料费	施工机具使用费	管理费	利润	综合单价
17	011303002001	送风口、回风口	1. 风口材料品种、规格：铝合金风口、300mm×300mm 2. 安装固定方式：嵌入式	个	12.72	76.58		2.31	1.85	93.46
18	011303001001	灯带（槽）	1. 灯带型式：嵌顶灯带 2. 格栅片材料品种：亚光铝 3. 安装固定方式：嵌入式	m	16.20	4.28	0.02	2.95	2.36	25.81
19	010802003001	防盗门	洞口尺寸：1.17m×2.1m	m²	38.93	457.66	0.21	7.08	5.66	509.54
20	010805006001	复合材料门	材料种类：普通玻璃门	m²	59.07	236.33		10.74	8.59	314.72
21	010807001001	金属（塑钢、断桥）窗	框、扇材质：塑钢	m²	21.14	240.31		3.84	3.07	268.36
22	010801001001	木质门	门代号：全屋木门	樘	45.52	838.95		8.28	6.62	899.37
23	010810002001	木窗帘盒	窗帘盒材质、规格：木质、130mm 宽	m	20.87	13.91	0.4	3.79	3.03	42
24	010810002002	木窗帘盒	窗帘盒材质、规格：木质、200mm 宽	m	20.87	13.91	0.4	3.79	3.03	42
25	010810003001	窗帘轨	1. 窗帘轨材质：铝合金 2. 轨的数量：单轨	m	2.42	10.58		0.44	0.35	13.79
26	010810001001	窗帘	1. 窗帘材质：布帘 2. 窗帘层数：单层	m²	2.08	31.53		0.38	0.3	34.29
27	011405001001	墙纸裱糊	面层材料品种、颜色：壁纸、浅黄色	m²	12.43	26.46		2.26	1.81	42.96
28	011403001001	抹灰面油漆	1. 油漆品种、刷漆遍数：乳胶漆、二遍 2. 造型：混油木柱造型	m²	41.92	3.13		7.62	6.1	58.78

（续）

序号	项目编码	项目名称	项目特征描述	计量单位	综合单价组成明细/元					
					人工费	材料费	施工机具使用费	管理费	利润	综合单价
29	011403001002	抹灰面油漆	1. 油漆品种、刷漆遍数：乳胶漆、二遍 2. 工程部位、颜色：墙面、黄色	m²	13.19	4.26		2.4	1.92	21.77
30	011403001003	抹灰面油漆	1. 油漆品种、刷漆遍数：乳胶漆、二遍 2. 工程部位、颜色：墙面、白色	m²	16.49	4.26		3	2.4	26.15
31	011403001004	抹灰面油漆	1. 油漆品种、刷漆遍数：乳胶漆、二遍 2. 工程部位、颜色：墙面、白色混油饰面	m²	5.47	4.05		0.99	0.8	11.31
32	011403001005	抹灰面油漆	1. 油漆品种、刷漆遍数：乳胶漆、二遍 2. 工程部位、造型：墙面、80mm厚混油造型	m²	41.94	3.12		7.62	6.1	58.78
33	011404002001	天棚喷刷涂料	1. 油漆品种、刷漆遍数：白色乳胶漆、二遍 2. 工程部位：天棚	m²	16.49	4.26		3	2.4	26.15
34	011404007001	木材构件喷刷防火涂料	1. 喷刷防火涂料构件名称：木龙骨 2. 喷刷遍数：二遍	m²	11.94	3.62		2.17	1.74	19.46
35	011502001001	木质装饰线	线条材料品种、规格：混油成品花线、30mm	m	3.32	2.8	0.05	0.6	0.48	7.26
36	011502001002	木质装饰线	线条材料品种、规格：混油成品花线、10mm	m	3.12	1.82	0.05	0.57	0.45	6.01

（续）

序号	项目编码	项目名称	项目特征描述	计量单位	综合单价组成明细/元					综合单价
					人工费	材料费	施工机具使用费	管理费	利润	
37	011502001003	石膏装饰线	线条材料品种、颜色：成品石膏线、白色	m	4.08	4.06		0.74	0.59	9.48
38	011501001001	浴房收纳柜	1. 台柜规格：1.0m×2.69m 2. 材料种类：木	m²	197.05	351.62	15.29	35.83	28.66	628.45
39	011501001002	浴室柜	1. 台柜规格：1.2m×2.69m 2. 材料种类：木	m²	153.74	307.35	12.07	27.95	22.36	523.47
40	011501001003	衣柜	1. 台柜规格：1.5m×2.69m 2. 材料种类：木	m²	198.45	215.83	15.29	36.08	28.87	494.52
41	011501001004	衣柜	1. 台柜规格：1.25m×2.69m 2. 材料种类：木	m²	198.45	215.83	15.29	36.08	28.87	494.52
42	011501001005	衣柜	1. 台柜规格：1.85m×2.69m 2. 材料种类：木	m²	198.45	215.83	15.29	36.08	28.87	494.52
43	011501001006	衣柜	1. 台柜规格：0.89m×2.69m 2. 材料种类：木	m²	198.45	215.83	15.29	36.08	28.87	494.52
44	011501001007	衣柜	1. 台柜规格：2.69m×1.886m 2. 材料种类：木	m²	198.45	215.83	15.29	36.08	28.87	494.52
45	011501001008	书柜	1. 台柜规格：2.8m×2.69m 2. 材料种类：木	m²	208.24	370.84	16.09	37.86	30.29	663.32
46	011501001009	定制收纳柜	1. 台柜规格：1.19m×0.6m 2. 材料种类：铝合金	m²	197.05	351.62	15.29	35.83	28.66	628.45
47	011501001010	酒柜（定制酒柜）	1. 台柜规格：4.42m×2.69m 2. 材料种类：玻璃	m²	191.47	233.12	14.49	34.81	27.85	501.74

（续）

序号	项目编码	项目名称	项目特征描述	计量单位	综合单价组成明细/元					
					人工费	材料费	施工机具使用费	管理费	利润	综合单价
48	011501001011	木壁柜（定制装饰柜）	1. 台柜规格：2.7m× 2.69m 2. 材料种类、规格：木	m²	171.9	386.54	21.21	31.25	25	635.9
49	011505002001	卫生纸盒	材料品种：塑料	个	4.75	30.8		0.86	0.69	37.1

参 考 文 献

［1］ 中华人民共和国住房和城乡建设部. 房屋建筑与装饰工程工程量计算标准：GB/T
50854—2024［S］. 北京：中国计划出版社，2024.

［2］ 吴锐，王俊松. 建筑装饰装修工程预算［M］. 3 版. 北京：人民交通出版社，2017.

［3］ 陈卓，黄宏勇. 建筑与装饰工程工程量清单与计价［M］. 3 版. 武汉：武汉理工大学
出版社，2016.

［4］ 曹仪民. 建筑装饰工程造价实务［M］. 西安：西安电子科技大学出版社，2014.

建筑装饰工程计量与计价

工作簿

机械工业出版社

目　　录

项目一　建筑装饰工程工程量计算

任务一　建筑面积的计算

技能目标

1）熟练应用建筑面积的计算规则。

2）准确列项。

3）准确计算建筑面积。

任务流程与活动

1）熟悉建筑面积计算规则。

2）准确列项。

3）据图准确计算本工程建筑面积。

任务准备

预习建筑面积计算规则及图样。

1）设计说明。

2）平面图。

学习活动 1　熟悉应计算建筑面积部分的计算规则

学习过程

识图，熟悉图样，确定层高并根据建筑面积计算规则确定计算范围，回答以下问题：

本工程层高是多少？ _____

哪些属于应计算建筑面积的范围？ _____

按照计算规范，建筑面积应用_____的计算规则。

学习活动 2　核查不应计算建筑面积的部分

学习过程

识图，回答以下问题：

本工程是否包含不应计算建筑面积的部分？包括哪些？

_____

_____

学习活动 3　据图计算本工程建筑面积

学习过程

识图，回答以下问题：

本工程按照建筑面积计算规范，层高_____，建筑面积计算，见表 1-1。

表 1-1　建筑面积计算

名称	单位	计算式	数量
建筑面积			

成果与评价

1. 成果

1）能正确识图，确定层高，准确找到对应规则，准确判断应计算建筑面积的部分、不应计算建筑面积的部分，填写以上相关问题答案。

2）完成工程量计算表建筑面积部分。

2. 评价

优：能按时地正确完成任务；　　　良：能按时地正确完成大部分任务；

中：能按时地正确完成一半任务；　及格：能按时地完成小部分任务；

不及格：不能按时地完成小部分任务。

课后学习任务

1）熟记建筑面积计算规则。

2）练习建筑面积计算。

任务二　楼地面工程的计算

子任务一　楼地面工程的计算——楼地面、楼梯

技能目标

1）熟练应用楼地面及楼梯的计算规则。

2）准确列项。

3）准确计算楼地面及楼梯工程量。

任务流程与活动

1）熟悉楼地面工程工程量计算规则。

2）准确对楼地面工程列项。

3）据图准确计算本工程楼地面工程量。

4）熟悉楼梯工程量计算规则。

5）准确对楼梯列项。

6）据图准确计算本工程楼梯工程量。

任务准备

预习楼地面工程工程量计算规则及图样。

1）设计说明。

2）楼地面铺装图。

学习活动1　熟悉楼地面工程工程量计算规则

学习过程

识图，回答以下问题：

本工程楼地面是如何装饰的？

_____

_____

按照计算规范，地面应用

"_____

_____"的计算规则。

学习活动 2　楼地面项目列项

学习过程

识图，回答以下问题：

本工程哪些项目属于楼地面工程的计算范围？

_____

_____

根据工程图样提供的信息，填写楼地面工程列项，见表 1-2。

表 1-2　楼地面工程列项

序号	子目名称

学习活动 3　据图计算本工程楼地面工程量

学习过程

楼地面工程量计算，见表 1-3。

表 1-3　楼地面工程量计算

序号	名称	单位	计算式	工程量

（续）

序号	名称	单位	计算式	工程量

学习活动 4　熟悉楼梯工程量计算规则

学习过程

识图，回答以下问题：

本工程楼梯是如何装饰的？

_____

_____

按照计算规范，楼梯应用

"_____

_____" 的计算规则。

学习活动 5　楼梯项目列项

学习过程

识图，回答以下问题：

本工程哪些项目属于楼梯的计算范围？

_____

_____

根据工程图样提供的信息，填写楼梯工程列项，见表 1-4。

表 1-4　楼梯工程列项

序号	子目名称

学习活动 6　据图计算本工程楼梯工程量

学习过程

楼梯工程量计算，见表 1-5。

表 1-5　楼梯工程量计算

序号	名称	单位	计算式	工程量

成果与评价

1. 成果

1）能正确识图，准确找到对应规则，能够根据工程图样准确列项，填写以上相关问题答案。

2）能够根据工程图样准确填写楼地面、楼梯工程量计算表。

2. 评价

优：能按时地正确完成任务；　　　　良：能按时地正确完成大部分任务；

中：能按时地正确完成一半任务；　　及格：能按时地完成小部分任务；

不及格：不能按时地完成小部分任务。

课后学习任务

1）熟记楼地面、楼梯工程量计算规则。

2）练习楼地面、楼梯工程量计算。

子任务二　楼地面工程的计算——台阶、踢脚线

技能目标

1）熟练应用台阶及踢脚线的计算规则。

2）准确列项。

3）准确计算台阶及踢脚线工程量。

任务流程与活动

1）熟悉台阶工程量计算规则。

2）准确对台阶列项。

3）据图准确计算本工程台阶工程量。

4）熟悉踢脚线工程量计算规则。

5）准确对踢脚线列项。

6）据图准确计算本工程踢脚线工程量。

任务准备

预习楼地面工程工程量计算规则及图样。

1）设计说明。

2）楼地面铺装图、立面图。

学习活动 1　熟悉台阶工程量计算规则

学习过程

识图，回答以下问题：

本工程台阶是如何装饰的？

_____

_____

按照计算规范，台阶应用

"_____

_____"的计算规则。

学习活动 2　台阶项目列项

学习过程

识图，回答以下问题：

本工程哪些项目属于台阶的计算范围？

_____

_____

根据工程图样提供的信息，填写台阶工程列项，见表1-6。

表1-6　台阶工程列项

序号	子目名称	

学习活动 3　据图计算本工程台阶工程量

学习过程

台阶工程量计算，见表1-7。

表 1-7　台阶工程量计算

序号	名称	单位	计算式	工程量

学习活动 4　熟悉踢脚线工程量计算规则

学习过程

识图，回答以下问题：

本工程踢脚线是如何装饰的？

_____

_____

本工程踢脚线属于成品踢脚线还是非成品踢脚线？

_____

_____

按照计算规范，踢脚线应用

"_____

_____" 的计算规则。

学习活动 5　踢脚线项目列项

学习过程

识图，回答以下问题：

本工程哪些项目属于踢脚线工程的计算范围？

_____

_____

根据工程图样提供的信息，填写踢脚线工程列项，见表 1-8。

表 1-8　踢脚线工程列项

序号	子目名称

（续）

序号	子目名称	

学习活动6 据图计算本工程踢脚线工程量

学习过程

踢脚线工程量计算，见表1-9。

表1-9 踢脚线工程量计算

序号	名称	单位	计算式	工程量

成果与评价

1. 成果

1）能正确识图，准确找到对应规则，能够根据工程图样准确列项，填写以上相关问题答案。

2）能够根据工程图样准确填写台阶、踢脚线工程量计算表。

2. 评价

优：能按时地正确完成任务；　　　　良：能按时地正确完成大部分任务；

中：能按时地正确完成一半任务；　　及格：能按时地完成小部分任务；

不及格：不能按时地完成小部分任务。

课后学习任务

1）熟记台阶、踢脚线工程量计算规则。

2）练习台阶、踢脚线工程量计算。

子任务三 楼地面工程的计算——零星项目

技能目标

1）熟练应用零星项目、点缀、栏杆、栏板、扶手、弯头、石材底面工程量的计算规则。

 2）准确列项。

 3）准确计算零星项目、点缀、栏杆、栏板、扶手、弯头、石材底面工程量。

任务流程与活动

1）熟悉零星项目、点缀、栏杆、栏板、扶手、弯头、石材底面工程量计算规则。

2）准确对零星项目、点缀、栏杆、栏板、扶手、弯头、石材底面工程列项。

3）据图准确计算本工程零星项目、点缀、栏杆、栏板、扶手、弯头、石材底面工程量。

 任务准备

预习楼地面工程工程量计算规则及图样。

1）设计说明。

2）楼地面铺装图。

学习活动1 熟悉零星项目、点缀、栏杆、栏板、扶手、弯头、石材底面工程量计算规则

 学习过程

识图，回答以下问题：

本工程是否包含零星项目、点缀、栏杆、栏板、扶手、弯头、石材底面中的项目？

_____

本工程所包含项目用了哪些材料及做法？

_____

石材底面计算工程量时应计算哪几个面？

_____

按照计算规范，应用
"_____

_____"的计算规则。

 学习活动2 零星项目、点缀、栏杆、栏板、扶手、弯头、石材底面项目列项

 学习过程

识图，回答以下问题：

本工程哪些项目属于零星项目、点缀、栏杆、栏板、扶手、弯头、石材底面工程的计算范围？

_____

根据工程图样提供的信息，填写零星项目、点缀、栏杆、栏板、扶手、弯头、石材、底面项目列项，见表1-10。

表1-10 零星项目、点缀、栏杆、栏板、扶手、弯头、石材、底面项目工程列项

序号	子目名称

学习活动3 据图计算本工程零星项目、点缀、栏杆、栏板、扶手、弯头、石材底面工程量

学习过程

零星项目、点缀、栏杆、栏板、扶手、弯头、石材底面工程量计算，见表1-11。

表1-11 零星项目、点缀、栏杆、栏板、扶手、弯头、石材底面工程量计算

序号	名称	单位	计算式	工程量

成果与评价

1. 成果

1）能正确识图，准确找到对应规则，能够根据工程图样准确列项，填写以上相关问题答案。

2）能够根据工程图样准确填写零星项目、点缀、栏杆、栏板、扶手、弯头、石材底面工程量计算表。

2. 评价

优：能按时地正确完成任务；　　　　　良：能按时地正确完成大部分任务；

中：能按时地正确完成一半任务；　　　及格：能按时地完成小部分任务；

不及格：不能按时地完成小部分任务。

课后学习任务

1）熟记零星项目、点缀、栏杆、栏板、扶手、弯头、石材底面工程量计算规则。

2）练习零星项目、点缀、栏杆、栏板、扶手、弯头、石材底面工程量计算。

任务三 墙柱面工程的计算

子任务一 墙柱面工程的计算——墙面装饰

技能目标

1）熟练应用墙面装饰抹灰及镶贴块料面层的计算规则。

2）准确列项。

3）准确计算墙面装饰抹灰及镶贴块料面层工程量。

任务流程与活动

1）熟悉墙面装饰抹灰工程量计算规则。

2）准确对墙面装饰抹灰列项。

3）据图准确计算本工程墙面装饰抹灰工程量。

4）熟悉墙面镶贴块料工程量计算规则。

5）准确对墙面镶贴块料列项。

6）据图准确计算本工程墙面镶贴块料工程量。

任务准备

预习墙柱面工程工程量计算规则及图样。

1）设计说明。

2）立面图。

学习活动1 熟悉墙面装饰抹灰工程量计算规则

学习过程

识图，回答以下问题：

本工程包含哪些墙面装饰抹灰项目？用了哪些材料及做法？

_____

_____

按照计算规范，应用

"_____

_____"的计算规则。

学习活动2 墙面装饰抹灰项目列项

学习过程

识图，回答以下问题：

本工程哪些项目属于墙面装饰抹灰的计算范围？

_____

_____

根据工程图样提供的信息，填写墙面装饰抹灰工程列项，见表1-12。

表1-12　墙面装饰抹灰工程列项

序号	子目名称

学习活动3　据图计算本工程墙面装饰抹灰工程量

学习过程

墙面装饰抹灰工程量计算，见表1-13。

表1-13　墙面装饰抹灰工程量计算

序号	名称	单位	计算式	数量

学习活动4　熟悉墙面镶贴块料工程量计算规则

学习过程

识图，回答以下问题：

本工程包含哪些墙面镶贴块料项目？用了哪些材料及做法？

_____

_____

按照计算规范，应用

"_____

_____"的计算规则。

学习活动 5　墙面镶贴块料项目列项

学习过程

识图，回答以下问题：

本工程哪些项目属于墙面镶贴块料的计算范围？

_____

_____

根据工程图样提供的信息，填写墙面镶贴块料工程列项，见表 1-14。

表 1-14　墙面镶贴块料工程列项

序号	子目名称

学习活动 6　据图计算本工程墙面镶贴块料工程量

学习过程

墙面镶贴块料工程量计算，见表 1-15。

表 1-15　墙面镶贴块料工程量计算

序号	名称	单位	计算式	数量

（续）

序号	名称	单位	计算式	数量

成果与评价

1. 成果

1）能正确识图，准确找到对应规则，能够根据工程图样准确列项，填写以上相关问题答案。

2）能够根据工程图样准确填写墙面装饰抹灰、镶贴块料工程量计算表。

2. 评价

优：能按时地正确完成任务；　　　　良：能按时地正确完成大部分任务；

中：能按时地正确完成一半任务；　　及格：能按时地完成小部分任务；

不及格：不能按时地完成小部分任务。

课后学习任务

1）熟记墙面装饰抹灰、墙面镶贴块料工程量计算规则。

2）练习墙面装饰抹灰、墙面镶贴块料工程量计算。

子任务二　墙柱面工程的计算——柱面装饰

技能目标

1）熟练应用柱面装饰的计算规则。

2）准确列项。

3）准确计算柱面装饰工程量。

任务流程与活动

1）熟悉柱面装饰工程量计算规则。

2）准确对柱面装饰列项。

3）据图准确计算本工程柱面装饰工程量。

任务准备

预习楼地面工程工程量计算规则及图样。

1）设计说明。

2）平面图、立面图。

学习活动 1　熟悉柱面装饰工程量计算规则

学习过程

识图，回答以下问题：

本工程是否包含柱面装饰的项目？用了哪些材料及做法？

_____

_____

按照计算规范，应用

"_____

_____"的计算规则。

学习活动2　柱面装饰项目列项

学习过程

识图，回答以下问题：

本工程哪些项目属于柱面装饰工程的计算范围？

_____

_____

根据工程图样提供的信息，填写柱面装饰工程列项，见表1-16。

表1-16　柱面装饰工程列项

序号	子目名称

学习活动3　据图计算本工程柱面装饰工程量

学习过程

柱面装饰工程量计算，见表1-17。

表1-17　柱面工程量计算

序号	名称	单位	计算式	数量

成果与评价

1. 成果

1）能正确识图，准确找到对应规则，能够根据工程图样准确列项，填写以上相关问题答案。

2）能够根据工程图样准确填写柱面装饰工程量计算表。

2. 评价

优：能按时地正确完成任务；　　　良：能按时地正确完成大部分任务；

中：能按时地正确完成一半任务；　及格：能按时地完成小部分任务；

不及格：不能按时地完成小部分任务。

课后学习任务

1）熟记柱面装饰工程量计算规则。

2）练习柱面装饰工程量计算。

子任务三　墙柱面工程的计算——其他抹灰、幕墙、隔断、欧式风格

技能目标

1）熟练应用其他抹灰、幕墙、隔断、欧式风格的计算规则。

2）准确列项。

3）准确计算其他抹灰、幕墙、隔断、欧式风格工程量。

任务流程与活动

1）熟悉其他抹灰、幕墙、隔断、欧式风格工程量计算规则。

2）准确对其他抹灰、幕墙、隔断、欧式风格列项。

3）据图准确计算本工程其他抹灰、幕墙、隔断、欧式风格工程量。

任务准备

预习墙面其他抹灰、幕墙、隔断、欧式风格工程量计算规则及图样。

1）设计说明。

2）平面图、立面图。

学习活动 1　熟悉其他抹灰、幕墙、隔断、欧式风格工程量计算规则

学习过程

识图，回答以下问题：

本工程包含了哪些其他抹灰、幕墙、隔断、欧式风格中的项目？用了哪些材料及做法？

_____

_____

按照计算规范，应用

"_____

_____"的计算规则。

学习活动 2　其他抹灰、幕墙、隔断、欧式风格项目列项

学习过程

识图，回答以下问题：

本工程哪些项目属于其他抹灰、幕墙、隔断、欧式风格的计算范围？

_____

_____

根据工程图样提供的信息，填写其他抹灰、幕墙、隔断、欧式风格工程列项，见表 1-18。

表 1-18　其他抹灰、幕墙、隔断、欧式风格工程列项

序号	子目名称

学习活动 3　据图计算本工程其他抹灰、幕墙、隔断、欧式风格工程量

学习过程

其他抹灰、幕墙、隔断、欧式风格工程量计算，见表 1-19。

表 1-19　其他抹灰、幕墙、隔断、欧式风格工程量计算

序号	名称	单位	计算式	数量

成果与评价

1. 成果

1）能正确识图，准确找到对应规则，能够根据工程图样准确列项，填写以上相关问题答案。

2）能够根据工程图样准确填写其他抹灰、幕墙、隔断、欧式风格工程量计算表。

2. 评价

优：能按时地正确完成任务；　　　良：能按时地正确完成大部分任务；

中：能按时地正确完成一半任务；　　及格：能按时地完成小部分任务；

不及格：不能按时地完成小部分任务。

课后学习任务

1）熟记其他抹灰、幕墙、隔断、欧式风格工程量计算规则。

2）练习其他抹灰、幕墙、隔断、欧式风格工程量计算。

任务四　天棚工程的计算

子任务一　天棚工程的计算——吊顶天棚

技能目标

1）熟练应用吊顶天棚的计算规则。

2）准确列项。

3）准确计算吊顶天棚工程量。

任务流程与活动

1）熟悉吊顶天棚工程量计算规则。

2）准确对吊顶天棚列项。

3）据图准确计算本工程吊顶天棚。

任务准备

预习天棚工程工程量计算规则及图样。

1）设计说明。

2）天棚图。

学习活动1　熟悉吊顶天棚工程量计算规则

学习过程

识图，回答以下问题：

本工程是否包含吊顶天棚的项目？用了哪些材料及做法？

_____

_____

按照计算规范，应用

"_____

_____

_____"的计算规则。

学习活动 2　吊顶天棚项目列项

学习过程

识图，回答以下问题：

本工程哪些项目属于吊顶天棚的计算范围？

_____

_____

根据工程图样提供的信息，填写吊顶天棚工程列项表，见表 1-20。

表 1-20　吊顶天棚工程列项

序号	子目名称

学习活动 3　据图计算本工程吊顶天棚工程量

学习过程

吊顶天棚工程量计算，见表 1-21。

表 1-21　吊顶天棚工程量计算

序号	名称	单位	计算式	数量

（续）

序号	名称	单位	计算式	数量

成果与评价

1. 成果

1）能正确识图，准确找到对应规则，能够根据工程图样准确列项，填写以上相关问题答案。

2）能够根据工程图样准确填写吊顶天棚工程量计算表。

2. 评价

优：能按时地正确完成任务；　　　　良：能按时地正确完成大部分任务；

中：能按时地正确完成一半任务；　　及格：能按时地完成小部分任务；

不及格：不能按时地完成小部分任务。

课后学习任务

1）翻阅相关资料了解吊顶天棚工程其他常见做法。

2）熟记吊顶天棚工程量计算规则。

3）练习吊顶天棚工程量计算。

子任务二　天棚工程的计算——灯光槽、送风口、回风口、灯光孔

技能目标

1）熟练应用灯光槽、送风口、回风口、灯光孔的计算规则。

2）准确列项。

3）准确计算灯光槽、送风口、回风口、灯光孔工程量。

任务流程与活动

1）熟悉灯光槽、送风口、回风口、灯光孔工程量计算规则。

2）准确对灯光槽、送风口、回风口、灯光孔列项。

3）据图准确计算本工程灯光槽、送风口、回风口、灯光孔工程量。

任务准备

预习天棚工程工程量计算规则及图样。

1）设计说明。

2）天棚图。

学习活动 1　熟悉灯光槽、送风口、回风口、灯光孔工程量计算规则

学习过程

识图，回答以下问题：

本工程包含哪些灯光槽、送风口、回风口、灯光孔的项目？用了哪些材料及做法？

_____

_____

本工程按照计算规范，灯光槽工程量应用

"_____

_____" 的计算规则；

送风口、回风口工程量应用

"_____

_____" 的计算规则；

灯光孔工程量应用

"_____

_____" 的计算规则。

学习活动 2　灯光槽、送风口、回风口、灯光孔项目列项

学习过程

识图，回答以下问题：

本工程哪些项目属于灯光槽、送风口、回风口、灯光孔工程的计算范围？

_____

_____

根据工程图样提供的信息，填写灯光槽、送风口、回风口、灯光孔工程列项，见表 1-22。

表 1-22　灯光槽、送风口、回风口、灯光孔工程列项

序号	子目名称

学习活动 3　据图计算灯光槽、送风口、回风口、灯光孔工程量

学习过程

灯光槽、送风口、回风口、灯光孔工程量计算，见表 1-23。

表1-23　灯光槽、送风口、回风口、灯光孔工程量计算

序号	名称	单位	计算式	数量

成果与评价

1. 成果

1）能正确识图，准确找到对应规则，能够根据工程图样准确列项，填写以上相关问题答案。

2）能够根据工程图样准确填写灯光槽、送风口、回风口、灯光孔工程量计算表。

2. 评价

优：能按时地正确完成任务；　　　　良：能按时地正确完成大部分任务；

中：能按时地正确完成一半任务；　　及格：能按时地完成小部分任务；

不及格：不能按时地完成小部分任务。

课后学习任务

1）熟记灯光槽、送风口、回风口、灯光孔工程量计算规则。

2）练习灯光槽、送风口、回风口、灯光孔工程量计算。

任务五　门窗工程的计算

子任务一　门窗工程的计算——门窗

技能目标

1）熟练应用门窗的计算规则。

2）准确列项。

3）准确计算门窗工程量。

任务流程与活动

1）熟悉门窗工程量计算规则。

2）准确对门窗列项。

3）据图准确计算本工程门窗工程量。

任务准备

预习门窗工程工程量计算规则及图样。

1）设计说明。

2）平面图、立面图。

学习活动1　熟悉门窗工程量计算规则

学习过程

识图，回答以下问题：

本工程包含哪些门窗的项目？用了哪些材料及做法？

_____

_____

按照计算规范，应用

"_____

_____"的计算规则。

学习活动2　门窗项目列项

学习过程

识图，回答以下问题：

本工程哪些项目属于门窗工程的计算范围？

_____

_____

根据工程图样提供的信息，填写门窗工程列项，见表1-24。

表1-24　门窗工程列项

序号	子目名称

学习活动3　据图计算门窗工程量

学习过程

门窗工程量计算，见表1-25。

表1-25　门窗工程量计算

序号	名称	单位	计算式	数量

（续）

序号	名称	单位	计算式	数量

成果与评价

1. 成果

1）能正确识图，准确找到对应规则，能够根据工程图样准确列项，填写以上相关问题答案。

2）能够根据工程图样准确填写门窗工程量计算表。

2. 评价

优：能按时地正确完成任务；　　　　良：能按时地正确完成大部分任务；

中：能按时地正确完成一半任务；　　及格：能按时地完成小部分任务；

不及格：不能按时地完成小部分任务。

课后学习任务

1）熟记门窗工程量计算规则。

2）练习门窗工程量计算。

子任务二　门窗工程的计算——门窗套、窗台板、窗帘盒、窗帘轨

技能目标

1）熟练应用门窗套、窗台板、窗帘盒、窗帘轨的计算规则。

2）准确列项。

3）准确计算门窗套、窗台板、窗帘盒、窗帘轨工程量。

任务流程与活动

1）熟悉门窗套、窗台板、窗帘盒、窗帘轨工程量计算规则。

2）准确对门窗套、窗台板、窗帘盒、窗帘轨列项。

3）据图准确计算本工程门窗套、窗台板、窗帘盒、窗帘轨工程量。

任务准备

预习门窗零星工程量计算规则及图样。

1）设计说明。

2）门窗详图、平面图。

学习活动 1　熟悉门窗套、窗台板、窗帘盒、窗帘轨工程量计算规则

学习过程

识图，回答以下问题：

本工程是否包含门窗套、窗台板、窗帘盒、窗帘轨中的项目？

_____

_____

本工程按照计算规范，门窗套工程量应用
"
_____

_____" 的计算规则；

窗台板工程量应用
"
_____

_____" 的计算规则；

窗帘轨工程量应用
"
_____

_____" 的计算规则；

窗帘盒工程量应用
"
_____

_____" 的计算规则。

学习活动 2　门窗套、窗台板、窗帘盒、窗帘轨项目列项

学习过程

识图，回答以下问题：

本工程哪些项目属于门窗套、窗台板、窗帘盒、窗帘轨的计算范围？

_____

_____

根据工程图样提供的信息，填写门窗套、窗台板、窗帘盒、窗帘轨列项，见表 1-26。

表 1-26　门窗套、窗台板、窗帘盒、窗帘轨列项

序号	子目名称

学习活动 3　据图计算门窗套、窗台板、窗帘盒、窗帘轨工程量

学习过程

门窗套、窗台板、窗帘盒、窗帘轨工程量计算，见表 1-27。

表 1-27 门窗套、窗台板、窗帘盒、窗帘轨工程量计算

序号	名称	单位	计算式	数量

成果与评价

1. 成果

1）能正确识图，准确找到对应规则，能够根据工程图样准确列项，填写以上相关问题答案。

2）能够根据工程图样准确填写门窗套、窗台板、窗帘盒、窗帘轨工程量计算表。

2. 评价

优：能按时地正确完成任务；　　　　良：能按时地正确完成大部分任务；

中：能按时地正确完成一半任务；　　及格：能按时地完成小部分任务；

不及格：不能按时地完成小部分任务。

课后学习任务

1）熟记门窗套、窗台板、窗帘盒、窗帘轨工程量计算规则。

2）练习门窗套、窗台板、窗帘盒、窗帘轨工程量计算。

任务六　油漆、涂料、裱糊工程的计算

技能目标

1）熟练应用油漆、涂料、裱糊工程的计算规则。

2）准确列项。

3）准确计算油漆、涂料、裱糊工程工程量。

任务流程与活动

1）熟悉油漆、涂料、裱糊工程工程量计算规则。

2）准确对油漆、涂料、裱糊工程列项。

3）据图准确计算本工程油漆、涂料、裱糊工程工程量。

任务准备

预习油漆、涂料、裱糊工程工程量计算规则及图样。

1）设计说明。

2）立面图、天棚图。

学习活动1　熟悉油漆、涂料、裱糊工程工程量计算规则

学习过程

识图，回答以下问题：

本工程包含哪些油漆、涂料、裱糊工程的项目？用了哪些材料及做法？

_____

_____

按照计算规范，应用

"_____

_____"的计算规则。

学习活动2　油漆、涂料、裱糊工程项目列项

学习过程

识图，回答以下问题：

本工程哪些项目属于油漆、涂料、裱糊工程的计算范围？

_____

_____

根据工程图样提供的信息，填写油漆、涂料、裱糊工程列项，见表1-28。

表1-28　油漆、涂料、裱糊工程列项

序号	子目名称

学习活动 3　据图计算油漆、涂料、裱糊工程工程量

学习过程

油漆、涂料、裱糊工程工程量计算，见表 1-29。

表 1-29　油漆、涂料、裱糊工程工程量计算

序号	名称	单位	计算式	数量

成果与评价

1. 成果

1）能正确识图，准确找到对应规则，能够根据工程图样准确列项，填写以上相关问题答案。

2）能够根据工程图样准确填写油漆、涂料、裱糊工程工程量计算表。

2. 评价

优：能按时地正确完成任务；　　　　良：能按时地正确完成大部分任务；

中：能按时地正确完成一半任务；　　及格：能按时地完成小部分任务；

不及格：不能按时地完成小部分任务。

课后学习任务

1）熟记油漆、涂料、裱糊工程工程量计算规则。

2）练习油漆、涂料、裱糊工程工程量计算。

任务七 其他工程的计算

技能目标

1）熟练应用其他工程的计算规则。

2）准确列项。

3）准确计算其他工程工程量。

任务流程与活动

1）熟悉其他工程工程量计算规则。

2）准确对其他工程列项。

3）据图准确计算本工程其他工程工程量。

任务准备

预习其他工程工程量计算规则及图样。

1）设计说明。

2）家具尺寸图、立面图、天棚图。

学习活动 1 熟悉其他工程工程量计算规则

学习过程

识图，回答以下问题：

本工程是否包含其他工程中的项目？用了哪些材料及做法？

_____

_____

按照计算规范，应用

"_____

_____" 的计算规则。

学习活动 2 其他工程项目列项

学习过程

识图，回答以下问题：

本工程哪些项目属于其他工程的计算范围？

_____

_____

根据工程图样提供的信息，填写其他工程列项，见表1-30。

表1-30 其他工程列项

序号	子目名称

（续）

序号	子目名称

学习活动 3　据图计算其他工程工程量

学习过程

其他工程工程量计算，见表 1-31。

表 1-31　其他工程工程量计算

序号	名称	单位	计算式	数量

（续）

序号	名称	单位	计算式	数量

成果与评价

1. 成果

1）能正确识图，准确找到对应规则，能够根据工程图样准确列项，填写以上相关问题答案。

2）能够根据工程图样准确填写其他工程工程量计算表。

2. 评价

优：能按时地正确完成任务；　　　良：能按时地正确完成大部分任务；

中：能按时地正确完成一半任务；　　及格：能按时地完成小部分任务；

不及格：不能按时地完成小部分任务。

课后学习任务

1）熟记其他工程工程量计算规则。

2）练习其他工程工程量计算。

任务八 措施项目的计算

技能目标

1）熟练应用措施项目的计算规则。

2）准确列项。

3）准确计算措施项目工程量。

任务流程与活动

1）熟悉措施项目工程量计算规则。

2）准确对措施项目列项。

3）据图准确计算本工程措施项目工程量。

任务准备

预习措施项目工程量计算规则及图样。

1）设计说明。

2）平面图、立面图。

学习活动1 熟悉措施项目计算工程量计算规则

学习过程

识图，回答以下问题：

本工程包含哪些措施项目？用了哪些材料及做法？

_____

_____

按照计算规范，应用

"_____

_____" 的计算规则。

学习活动2 措施项目列项

学习过程

识图：回答以下问题：

本工程哪些项目属于措施项目的计算范围？

_____

_____

根据工程图样提供的信息，填写措施项目列项，见表1-32。

表1-32 措施项目列项

序号	子目名称

学习活动 3 据图计算措施项目计算工程量

学习过程

措施项目工程量计算，见表 1-33。

表 1-33 措施项目工程量计算

序号	名称	单位	计算式	数量

成果与评价

1. 成果

1）能正确识图，准确找到对应规则，能够根据工程图样准确列项，填写以上相关问题答案。

2）能够根据工程图样准确填写措施项目工程量计算表。

2. 评价

优：能按时地正确完成任务；　　　　良：能按时地正确完成大部分任务；

中：能按时地正确完成一半任务；　　及格：能按时地完成小部分任务；

不及格：不能按时地完成小部分任务。

课后学习任务

1）熟记措施项目工程量计算规则。

2）练习措施项目工程量计算。

项目二　工程量清单文件编制

任务一　编制工程量清单

技能目标

1）熟练掌握编制工程量清单的方法。

2）能够对比分析清单模式与定额模式的区别。

任务流程与活动

1）分析清单模式与定额模式的区别。

2）编制工程量清单。

任务准备

预习图样及《建设工程工程量清单计价标准》。

1）所有图样。

2）《建设工程工程量清单计价标准》。

学习活动　编制工程量清单

学习过程

识图，回答以下问题：

本工程共需列出的项目有多少？

_____

_____

所计算的工程量的方法是否与定额规则一致？是否存在漏算、错算、重复计算？

_____

_____

根据图样信息及《建设工程工程量清单计价标准》编制完成分部分项工程项目清单计价，见表2-1。

表2-1　分部分项工程项目清单计价

序号	项目编码	项目名称	项目特征	计量单位	工程量	金额/元	
						综合单价	合价

（续）

序号	项目编码	项目名称	项目特征	计量单位	工程量	金额/元	
						综合单价	合价

注：本表格可以按照同样的格式扩展。

成果与评价

1. 成果

1) 能准确核对项目列项及计算方法，工程量计算依据合理且算量准确，能够填写以上相关问题答案。

2) 能够根据工程图样准确填写分部分项工程项目清单计价表。

2. 评价

优：能按时地正确完成任务；　　　　良：能按时地正确完成大部分任务；

中：能按时地正确完成一半任务；　　及格：能按时地完成小部分任务；

不及格：不能按时地完成小部分任务。

课后学习任务

熟记并掌握编制工程量清单的方法。

任务二　工程量清单计价

技能目标

1) 熟练掌握工程量清单计价的方法。

2) 准确完成工程量清单计价文件编制。

任务流程与活动

1) 完成最高投标限价文件封面。

2) 完成工程项目清单汇总表。

3) 完成分部分项工程项目清单计价表。

4) 完成综合单价分析表。

5) 完成措施项目清单构成明细分析表。

6) 完成规费、税金项目计价表。

7) 完成主要材料和工程设备选用表。

8) 完成分部分项工程项目清单综合单价分析表。

任务准备

预习《建设工程工程量清单计价标准》及图样。

1) 所有图样。

2)《建设工程工程量清单计价标准》。

学习活动 1 完成最高投标限价文件封面

学习过程

根据工程信息编制完成招标控制价文件封面。

_____工程

最高投标限价

招　标　人：_____（单位盖章）_____

年　　月　　日

工程名称：＿＿＿＿＿＿

最高投标限价

最高投标限价(小写)：＿＿＿＿＿
(大写)：＿＿＿＿＿

编制人：　　　　　　　　(造价专业人员签字及盖章)

审核人：　　　　　　　　(签字及盖章)

编制单位：　　　　　　　(盖章)

法定代表人

或其授权人：　　　　　　(签字或盖章)

招标人：　　　　　　　　(盖章)

法定代表人：

或其授权人：　　　　　　(签字或盖章)

编制时间：

学习活动 2 完成工程项目清单汇总表

学习过程

根据工程信息编制完成工程项目清单汇总，见表 2-2。

表 2-2 工程项目清单汇总

工程名称：

序号	汇总内容	金额/元	其中：暂估价/元
	最高投标限价合计		

注：本表适用于工程最高投标限价或投标总价的汇总。

学习活动 3 完成分部分项工程项目清单计价表

学习过程

根据工程信息编制完成分部分项工程项目清单计价，见表 2-3。

表 2-3 分部分项工程项目清单计价

工程名称：

序号	项目编码	项目名称	项目特征描述	计量单位	工程量	金额/元	
						综合单价	合价
		合计					

注：为计取规费等的使用，可在表中增设其中："定额人工费"。本表格可以按照同样的格式扩展。

学习活动 4 完成综合单价分析表

学习过程

根据工程信息编制完成综合单价分析，见表 2-4。

表 2-4　综合单价分析

工程名称：

项目编码				项目名称			计量单位		工程量	
清单综合单价组成明细										
定额编号	定额项目名称	定额单位	数量	单价				合价			
				人工费	材料费	机械费	管理费和利润	人工费	材料费	机械费	管理费和利润
人工单价			小计								
综合工日元/工日			未计价材料费								
清单项目综合单价											
材料费明细	主要材料名称、规格、型号				单位	数量	单价/元	合价/元	暂估单价/元	暂估合价/元
	其他材料费									
	材料费小计									

注：招标文件提供了暂估单价的材料，按暂估的单价填入表内"暂估单价"栏及"暂估合价"栏。本表格可以按照同样的格式扩展。

学习活动 5　完成措施项目清单构成明细分析表

学习过程

根据工程信息编制完成措施项目清单构成明细分析，见表 2-5。

表 2-5　措施项目清单构成明细分析

工程名称：

序号	项目编码	措施项目名称	计算基础	费率（%）	价格/元	价格构成明细/元					备注
						人工费	材料费	施工机具使用费	管理费	利润	
合计											

注：采用费率计价方式的，应分别填写"计算基础""费率""价格"列数值；采用总价计价方式的，可只填"价格"列数值。

学习活动 6 完成规费、税金项目计价表

学习过程

根据工程信息编制完成规费、税金项目计价，见表 2-6。

表 2-6 规费、税金项目计价

工程名称：

序号	项目名称	计算基础	计算基数	计算费率（%）	金额/元
		合计			

编制人（造价人员）： 复核人（造价工程师）：

学习活动 7 完成主要材料和工程设备选用表

学习过程

根据工程信息编制完成主要材料和工程设备选用，见表 2-7。

表 2-7　主要材料和工程设备选用

工程名称：

序号	材料设备名称	单位	市场价	数量	品牌	厂家	规格型号	备注

注：本表中所列材料设备应仅限于承包人自行采购范围内的材料设备。本表格可以按照同样的格式扩展。

学习活动 8 完成分部分项工程项目清单综合单价分析表

学习过程

根据工程信息编制完成分部分项工程项目清单综合单价分析，见表 2-8。

表 2-8 分部分项工程项目清单综合单价分析

工程名称： 专业：

序号	项目编码	项目名称	项目特征描述	计量单位	综合单价组成明细/元					综合单价
					人工费	材料费	施工机具使用费	管理费	利润	

注：本表格可以按照同样的格式扩展。

成果与评价

1. 成果

1）能准确完成最高投标限价文件封面。

2）能准确完成工程项目清单汇总表。

3）能准确完成分部分项工程项目清单计价表。

4）能准确完成综合单价分析表。

5）能准确完成措施项目清单构成明细分析表。

6）能准确完成规费、税金项目计价表。

7）能准确完成主要材料和工程设备选用表。

8）能准确完成分部分项工程项目清单综合单价分析表。

2. 评价

优：能按时地正确完成任务；　　　　良：能按时地正确完成大部分任务；

中：能按时地正确完成一半任务；　　及格：能按时地完成小部分任务；

不及格：不能按时地完成小部分任务。

课后学习任务

1）熟练掌握最高投标限价文件封面编制方法。

2）熟练掌握工程项目清单汇总表编制方法。

3）熟练掌握分部分项工程项目清单计价表编制方法。

4）熟练掌握综合单价分析表编制方法。

5）熟练掌握措施项目清单构成明细分析表编制方法。

6）熟练掌握规费、税金项目计价表编制方法。

7）熟练掌握主要材料和工程设备选用表编制方法。

8）熟练掌握分部分项工程项目清单综合单价分析表编制方法。

港澳花园雅居室内设计施工图

机械工业出版社

设计说明

1   项目名称   港澳花园雅居

2   户型结构：平层   三室两厅

3   工艺做法：混油中级工艺

4   主要材料：玻化地砖、大理石、墙纸、清玻、银镜、实木地板、墙纸、石膏线条、成品木门等

5   设计说明：……自然与和谐、精致与古朴，在小小的空间里，演绎出新古典主义的味道。

施工图设计说明

	项目概况
一	项目概况
1	项目名称：港澳花园 雅居
2	项目地点：港澳花园 2 号 1101
3	设计风格：新古典
4	工艺做法：混油中级

二	设计规范和依据
1	设计院提供的施工图及其他有关施工文件
2	建设方要求：包括对室内空间的使用功能、风格、造价、工期等
3	国家工程建设标准强制性条文（房间建筑部分）
4	建筑内部装修设计防火规范（GB 50222—2017）
5	《建筑防火通用规范》（GB 55037—2022）
6	建筑装饰装修工程质量验收标准（GB 50210—2018）

三	施工要求
1	施工质量必须达到《建筑装饰装修工程质量验收标准》（GB 50210—2018）要求
2	涉及土建结构的地方，须经建筑设计院认可后方可施工
3	隐蔽工程须经甲、乙双方验收合格后方可封闭
4	图中如拉手，挂衣杆等五金配件仅为示意，需由甲方提供，乙方负责挑选款式
5	图中所示的灯具、活动家具、艺术品、挂画等仅作示意，须由甲方提供，详见设计方所提供的相关图册及清单
6	防火门由专业厂家提供，二次装饰设计只做防火门的表面装饰处理
7	凡室内隔墙采用轻质板材时；所有轻钢龙骨石膏板隔墙均应到顶，有隔声要求的房间应当采用双层板（错缝安装）并填 50mm 厚吸声棉
8	防水工程必须符合相应规范，无特殊要求，均采用柔性防水做法
9	重型灯具及有震动的电器、风道等，必须独立吊挂在顶板上，不得与吊顶龙骨直接相连
10	轻型灯具、风口等可吊挂在原有或附加大、中龙骨上，但必须做加固处理

11	装饰工程施工中作好于设备工程协调配合工作，在保证装饰效果的前提下，个别设备影响整个效果时可作适当调整
12	石膏板吊顶基底除个别特殊造型外，主要采用木龙骨吊顶
13	石膏板吊顶所用龙骨、吊杆、连接件必须符合产品组合要求。安装位置、造型必须准确。龙骨构架排列整齐顺直，表面必须平整。龙骨构架各接点必须牢固，拼缝严密无松动，安全可靠
14	纸面石膏板防火等级要求达到 A 级
15	罩面板的材质、品种、规格及吊顶造型的基层构造、固定方法，必须符合设计要求和国家现行的有关标准规定
16	洞口处理：设备口、灯具的位置设置必须按板块、图案、分格对称布局合理。开口边缘整齐、护口严密，不露缝。排列横竖均匀、顺直、整齐、协调美观。受风压的吊顶板必须做固定处理。吊顶板与墙面、窗帘盒、灯具等交接处严密，不得有漏缝现象
17	所有推拉门材质均为铝合金，房间门均为木门，入户门为防盗门，门高均为 2.1m
18	图中所有定制衣柜、书柜、装饰柜、酒柜，柜高度（带脚）均为 2.69m
19	窗帘轨为铝合金单轨，窗帘 2 倍褶皱
20	卫生间、厨房、餐客厅 A 立面，主卧背景墙不设踢脚线，其余踢脚线高度均为 100mm
21	天棚石膏线，仅在餐厅、客厅、主卧安装
22	天棚暗藏灯带宽 100mm
23	搭设满堂脚手架

四	施工材料说明
1	建筑装饰装修工程所用材料应符合《民用建筑工程室内环境污染控制标准》（BG 50325—2020）强制性条文中有关建筑装饰装修材料有害物质限量标准的规定，燃烧性能应符合现行国家标准《建筑内部装修设计防火规范》（GB 50222—2017）的规定
2	本工程玻璃隔断如非特殊注明，均为钢化玻璃
3	石材在施工安装之前都要用防污防潮剂做防污及防渗透处理
4	花岗石、大理石墙面及地面平整度公差±1mm
5	地砖及面砖的品种、级别、规格、形状、几何尺寸、光洁度、颜色和图案及其他的产品质量应符合设计要求，色泽均匀一致，无裂纹、无水纹或污染，表面方正平整

6	所有布料、墙纸应是半年内的产品，不长霉不老化，并具防火阻燃性能。防火等级要求达到 B2 级
7	选用的地板各项指标均应符合国家现行各项标准的要求
8	除特殊注明外，乳胶漆均为亚光漆，包括面漆和底漆
9	乳胶漆施工必须底漆和面漆配套使用，在天花的接缝部位要采用高弹性绷声纸处理
10	乳胶漆基层腻子，须有足够的强度，自配的腻子应掺入适量的白乳胶，刮腻子层不能过厚，以免开裂
11	黑色金属的防锈漆选用配套的防锈底漆，防锈底漆应当在彻底除锈之后再刷，如不能彻底除锈可采用带锈底漆
12	表面装饰木料，均属于符合国家标准的产品，实木线不管是国产还是进口，要选用与表面饰板相同纹理及大致相同颜色的产品，含水率要控制在 15% 以内
13	图中所有实木封边及木线条除注明饰面外，均应与相关饰面木材相同
14	图中所有木饰面除注明者外，表面均为哑光的聚酯漆饰面，有关这一要求不再在图中表示

五	防火要求
1	根据建筑设计防火规范要求，在本装饰设计中积极采用不燃性材料和难燃性材料；并于工地现场摆放灭火器
2	所有隐蔽木结构部分表面必须涂刷一级防火涂料

六	图纸说明
1	图中单位以毫米（mm）计，标高以米（m）计，为相对标高，从装修完成面起算
2	为便于施工，在保证设计装饰效果不变的前提下，内部构造可根据施工方常用做法作适当调整，但必须确保安全、可靠
3	凡图中节点做法与本说明所述做法有异者，均以本说明做法为准
4	凡是图中节点不完善者，有设计单位现场解决
5	墙体及门窗洞口尺寸定位，除标注者外，均同原建筑设计

Notes
说明

REV
修订

CHECKED
校对

APPROVED BY
审核

Legend
图例

PROJECT
项目名称

港澳花园雅居

DRAWING TITLE
图名
施工图设计说明

DRAWING NO.
图号　**DE-01**

SCALE
比例

PROJECT REF：D090328
项目档案

Customer Signature
客户签字

理解此图　同意施工

3

DRAWRING LIST

PROJECT 项目名称：港澳花园 雅居		室内设计 施工图 材料表		
DWG. NO.	TITLE 内容	SCALE 比例	REV. 修订	DATE 日期
01	施工图设计说明			
02	图样目录			
03	材料表			
04	原始尺寸图			
05	内部尺寸图			
06	地面铺设图			
07	家具尺寸图			
08	平面布局图			
09	天花布置图			
10	客厅施工图			
11	餐厅施工图			
12	客厅装饰墙施工图			
13	餐厅装饰墙施工图			
14	主卧背景墙施工图			
15	次卧背景墙施工图			
16	吊顶大样图			
17	次卧衣柜施工图			

PROJECT
项目名称

港澳花园雅居

DRAWING TITLE
图名

图样目录

DRAWING NO.
图号   DE-02

SCALE
比例

PROJECT REF：D090328
项目档案

Customer Signature
客户签字

理解此图 同意施工

4

			材料表				
序号	材料编号	材料名称	材料规格	防火要求	使用部位		备注
1	CT-01	灰色抛光地砖	800mm×800mm	A	客厅、餐厅、走廊、厨房		底面刷养护液，结合层为1:2.5水泥砂浆
2	CT-02	灰色防滑地砖	300mm×300mm	A	主卫、客卫		底面刷养护液，结合层为1:2.5水泥砂浆
3	CT-03	瓷砖加工踢脚线	100mm 高	A	客厅、餐厅、走廊		粘贴层为10mm厚1:2水泥砂浆
4	CT-04	灰色抛光砖	300mm×600mm	B1	主客卫墙面		
5	CT-05	拼花釉面砖	300mm×600mm	A	厨房墙面		
6	MT-01	铝扣板吊顶	300mm×300mm	A	主卫、客卫、厨房		
7	MT-02	装配式 U 型轻钢龙骨	300mm×300mm	A	主卫、客卫、厨房		
8	PL-01	石膏板吊顶	按需求定制	A	客厅、餐厅、主卧、走廊		
9	PT-01	白色乳胶漆	按需求定制	A	全屋顶面		
10	WD-01	实木复合地板	1200mm×150mm	A	主卧、次卧、书房、衣帽间		设单层木龙骨，成品安装
11	WD-02	双层楞方木天棚龙骨	300mm×300mm	A	客厅、餐厅、主卧、走廊		吊在梁下或板下
12	WD-03	实木踢脚线	100mm 高	B1	主卧、次卧、书房、衣帽间		基层材料为云石胶
13	DS-01	地面找平层	厚 20mm 干混地面砂浆 M20		全屋地面		

PROJECT
项目名称

港澳花园雅居

DRAWING TITLE
图名
　　材料表

DRAWING NO.
图号　　DE-03

SCALE
比例
PROJECT REF：D090328
项目档案

Customer Signature
客户签字

理解此图　同意施工

5

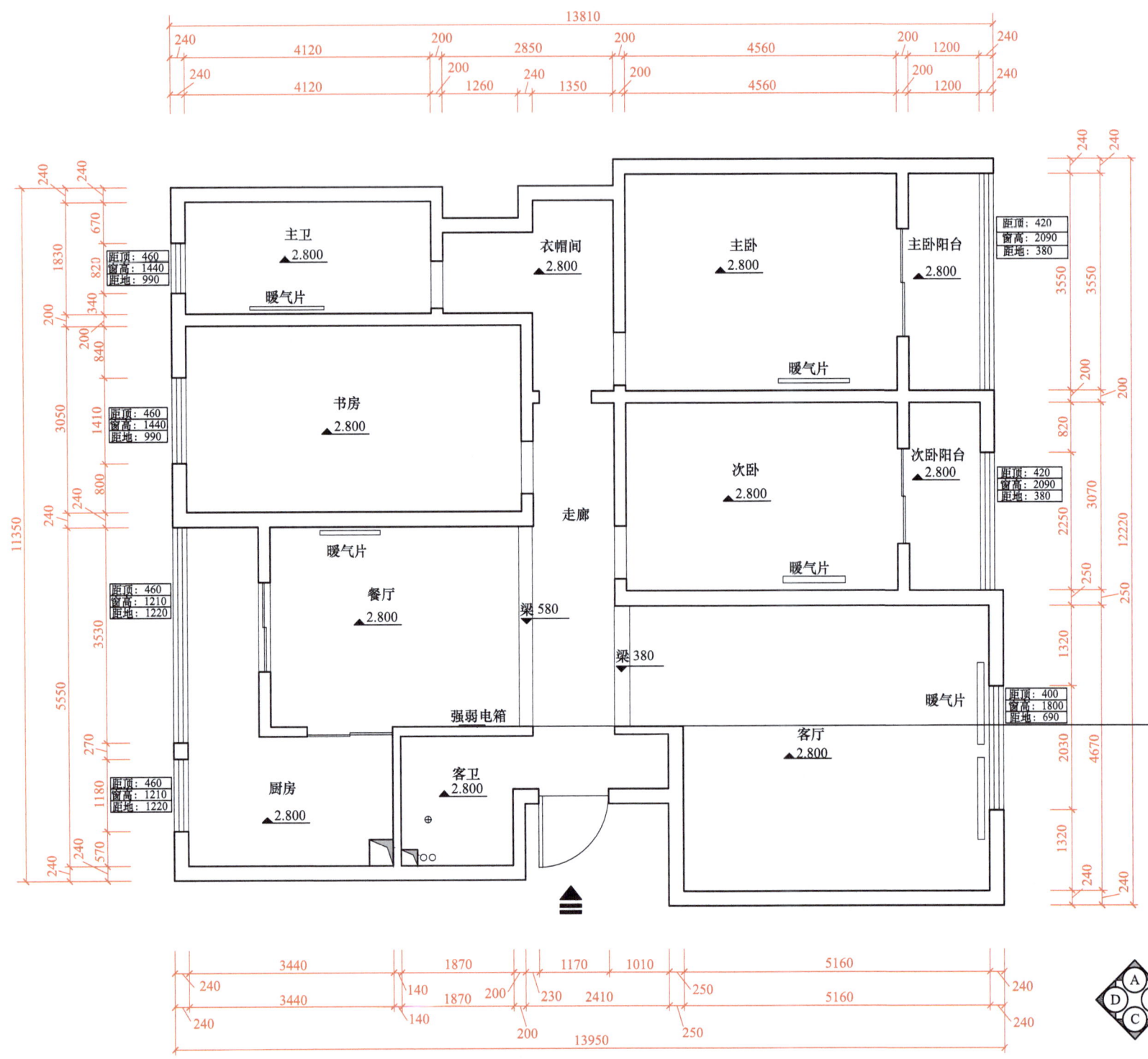

Notes
说明

REV
修订

CHECKED
校对

APPROVED BY
审核

Legend
图例

PROJECT
项目名称

港澳花园雅居

DRAWING TITLE
图名

原始尺寸图

DRAWING NO.
图号   DE-04

SCALE
比例
PROJECT REF：D090328
项目档案

Customer Signature
客户签字

理解此图 同意施工

主卫
▲2.800

衣帽间
▲2.800

主卧
▲2.800

主卧阳台
▲2.800

书房
▲2.800

次卧
▲2.800

次卧阳台
▲2.800

走廊

餐厅
▲2.800

强弱电箱

客厅
▲2.800

厨房
▲2.800

客卫
▲2.800

暖气片

梁 580

梁 380

强电箱
弱电箱

距顶：460
窗高：1440
距地：990

距顶：460
窗高：1440
距地：990

距顶：460
窗高：1210
窗高：1220

距顶：460
窗高：1210
距地：1220

距顶：420
窗高：2090
距地：380

距顶：420
窗高：2090
距地：380

距顶：400
窗高：1800
距地：690

13810
240 4120 200 2850 200 4560 200 1200 240
240 4120 200 1260 240 1350 200 4560 200 1200 240

3440 1870 1170 1010 5160
240 3440 140 1870 200 230 2410 250 5160 240
240 140 200 250 240
200 13950

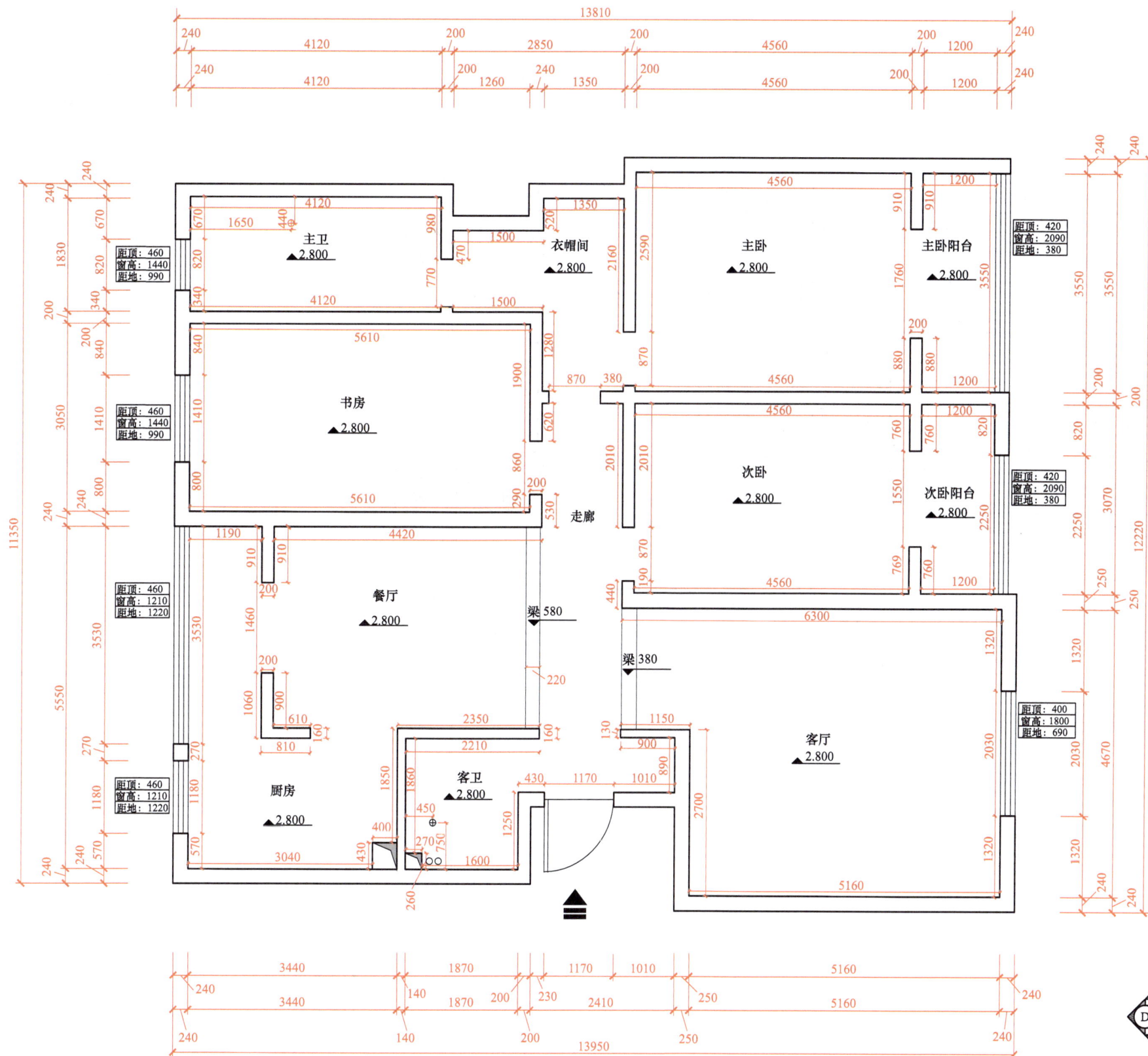

Notes
说明

REV
修订

CHECKED
校对

APPROVED BY
审核

Legend
图例

PROJECT
项目名称

港澳花园雅居

DRAWING TITLE
图名

内部尺寸图

DRAWING NO.
图号   DE-05

SCALE
比例
PROJECT REF：D090328
项目档案

Customer Signature
客户签字

理解此图 同意施工

主卫
▲2.800

衣帽间
▲2.800

主卧
▲2.800

主卧阳台
▲2.800

书房
▲2.800

次卧
▲2.800

次卧阳台
▲2.800

走廊

餐厅
▲2.800

梁580

梁380

客厅
▲2.800

厨房
▲2.800

客卫
▲2.800

距顶：460 窗高：1440 距地：990
距顶：460 窗高：1440 距地：990
距顶：460 窗高：1210 距地：1220
距顶：460 窗高：1210 距地：1220
距顶：420 窗高：2090 距距：380
距顶：420 窗高：2090 距地：380
距顶：400 窗高：1800 距地：690

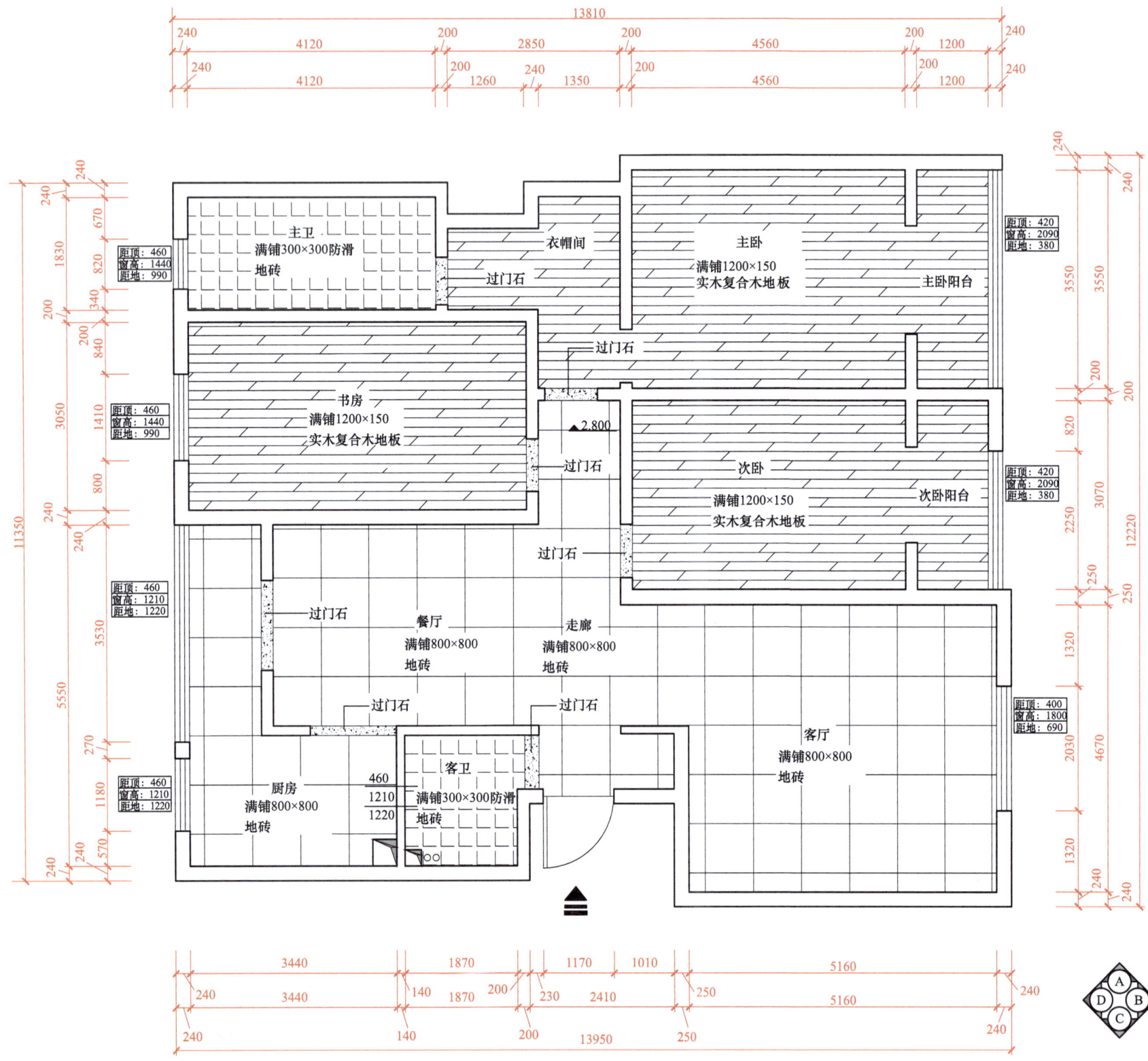

主卫
满铺300×300防滑
地砖

衣帽间

主卧
满铺1200×150
实木复合木地板

主卧阳台

过门石

过门石

书房
满铺1200×150
实木复合木地板

过门石

▲2.800

过门石

次卧
满铺1200×150
实木复合木地板

次卧阳台

过门石

餐厅
满铺800×800
地砖

走廊
满铺800×800
地砖

过门石

过门石

过门石

客厅
满铺800×800
地砖

厨房
满铺800×800
地砖

客卫
满铺300×300防滑
地砖

Notes
说明

REV
修订

CHECKED
校对

APPROVED BY
审核

Legend
图例

PROJECT
项目名称

港澳花园雅居

DRAWING TITLE
图名

地面铺设图

DRAWING NO.
图号 DE-06

SCALE
比例

PROJECT REF：D090328
项目档案

Customer Signature
客户签字

理解此图　同意施工

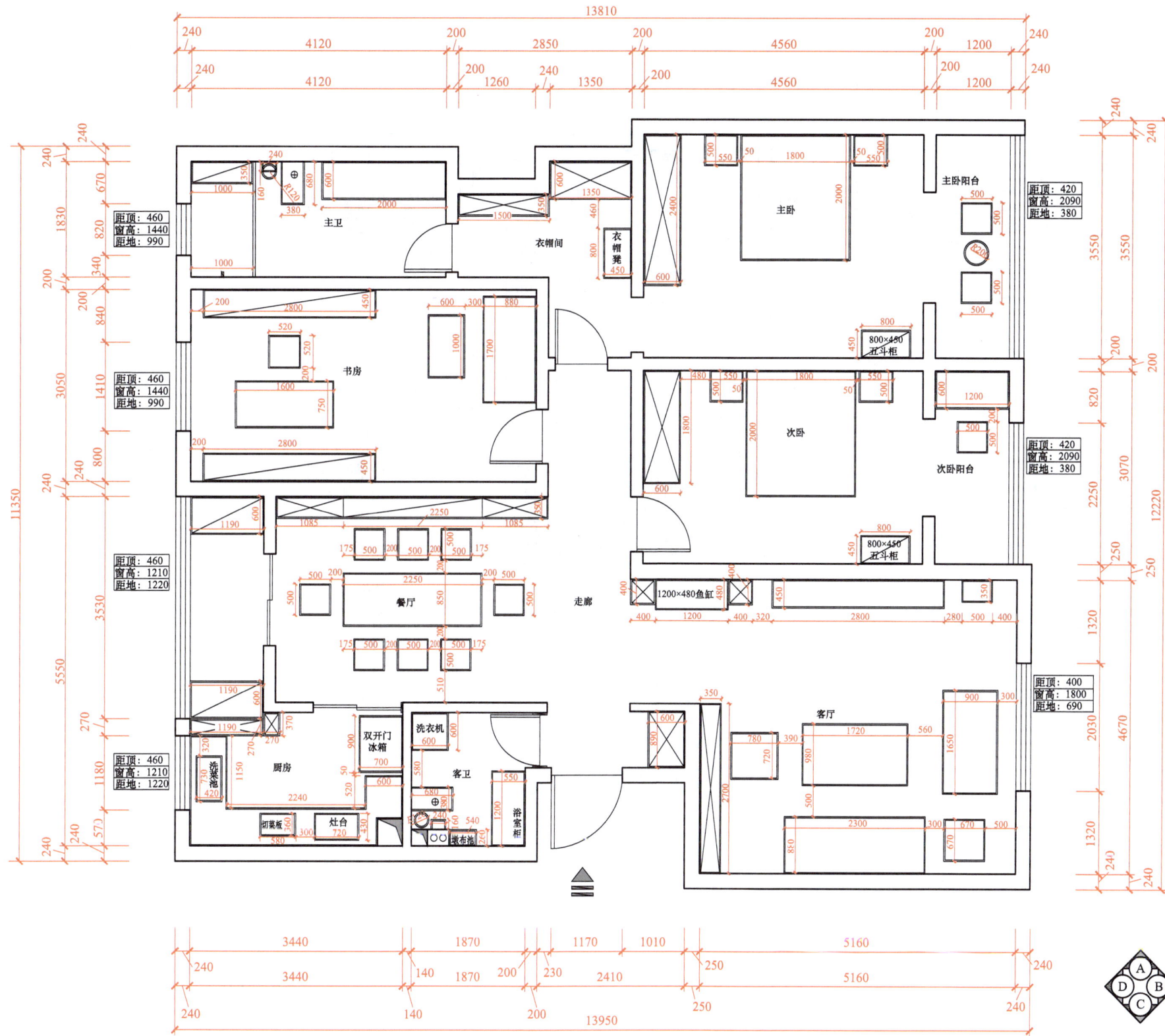

主卧阳台

主卧

衣帽间

衣帽凳

主卫

书房

次卧

次卧阳台

800×450 五斗柜

800×450 五斗柜

1200×480鱼缸

走廊

餐厅

客厅

厨房

洗衣机

双开门冰箱

客卫

浴室柜

洗菜池

切菜板

灶台

墩布池

距顶: 460 窗高: 1440 距地: 990

距顶: 460 窗高: 1440 距地: 990

距顶: 460 窗高: 1210 距地: 1220

距顶: 460 窗高: 1210 距地: 1220

距顶: 420 窗高: 2090 距地: 380

距顶: 420 窗高: 2090 距地: 380

距顶: 400 窗高: 1800 距地: 690

需做门口修整

Notes
说明

REV
修订

CHECKED
校对

APPROVED BY
审核

Legend
图例

PROJECT
项目名称

港澳花园雅居

DRAWING TITLE
图名

家具尺寸图

DRAWING NO.
图号 DE-07

SCALE
比例

PROJECT REF：D090328
项目档案

Customer Signature
客户签字

理解此图 同意施工

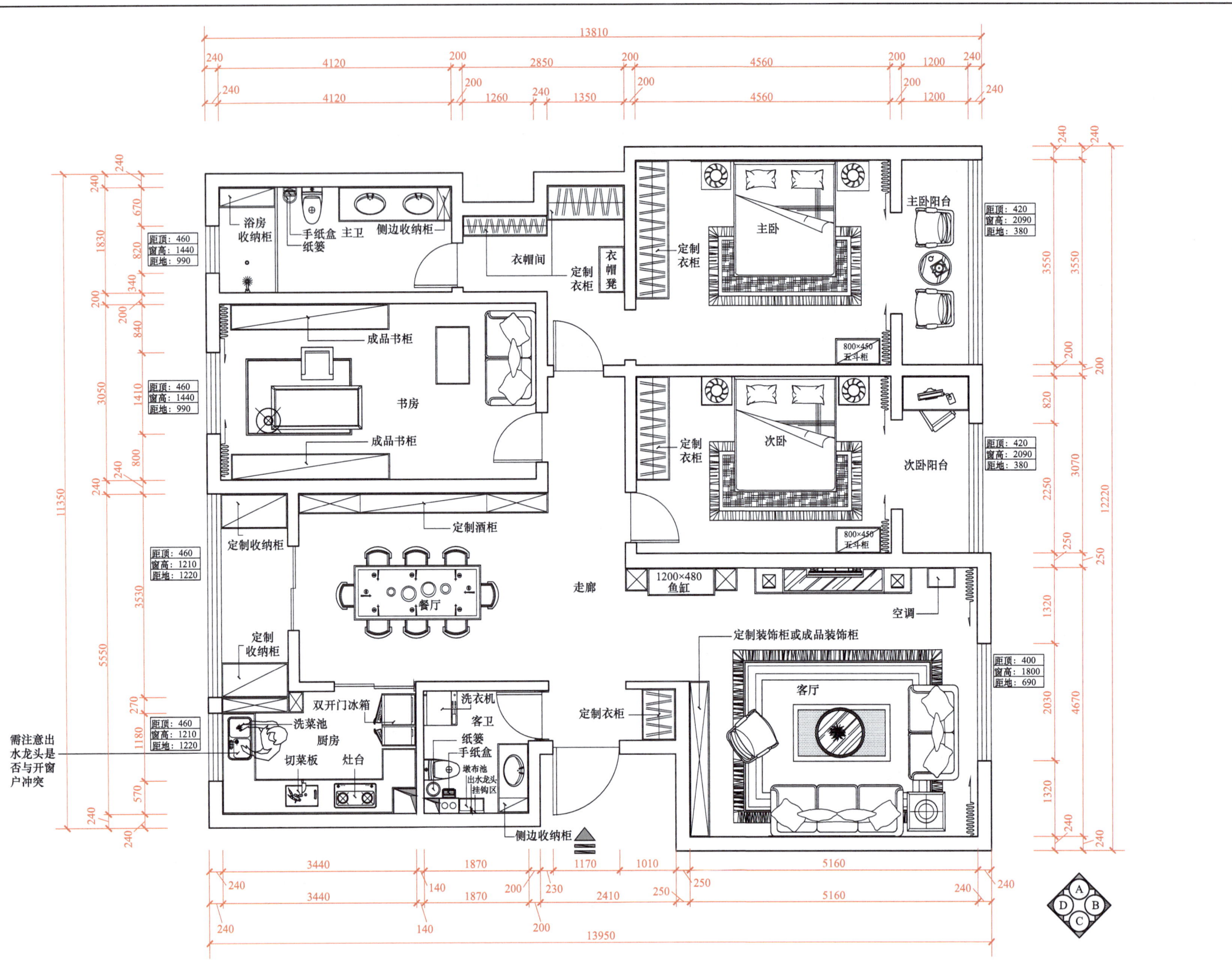

13810

240 4120 200 2850 200 4560 200 1200 240
240 4120 200 1260 240 1350 200 4560 200 240
                                              1200

__需做门口修整

浴房
收纳柜
手纸盒   主卫   侧边收纳柜
纸篓

距顶：460
窗高：1440
距地：990

240
240
670
1830
820
340
200
840

衣帽间   定制
衣柜   衣帽凳   定制
衣柜

主卧阳台

主卧

距顶：420
窗高：2090
距地：380

3550 3550

成品书柜

800×450
五斗柜

200

距顶：460
窗高：1440
距地：990

3050 1410
240
800

书房

成品书柜

定制
衣柜

次卧

次卧阳台

距顶：420
窗高：2090
距地：380

820
200

3070 2250

11350

240

定制酒柜

定制收纳柜

800×450
五斗柜

250 250

距顶：460
窗高：1210
距地：1220

餐厅

走廊   1200×480
鱼缸

空调

12220

1320

250

PROJECT
项目名称

港澳花园雅居

DRAWING TITLE
图名

平面布局图

5550 3530

定制
收纳柜

定制装饰柜或成品装饰柜

客厅

距顶：400
窗高：1800
距地：690

2030 4670

需注意出
水龙头是
否与开窗
户冲突

距顶：460
窗高：1210
距地：1220

270
1180

双开门冰箱

洗菜池
厨房
切菜板   灶台

洗衣机

客卫

纸篓
手纸盒
墩布池
出水龙头
挂钩区

定制衣柜

DRAWING NO.
图号   DE-08

SCALE
比例
PROJECT REF：D090328
项目档案

1320

570
240

侧边收纳柜

Customer Signature
客户签字

3440 1870 1170 1010 5160
3440 1870 200 230 2410 250 5160   240 240
      140   250 250

240 240

A
D   B
C

240 140 200
13950

理解此图　同意施工

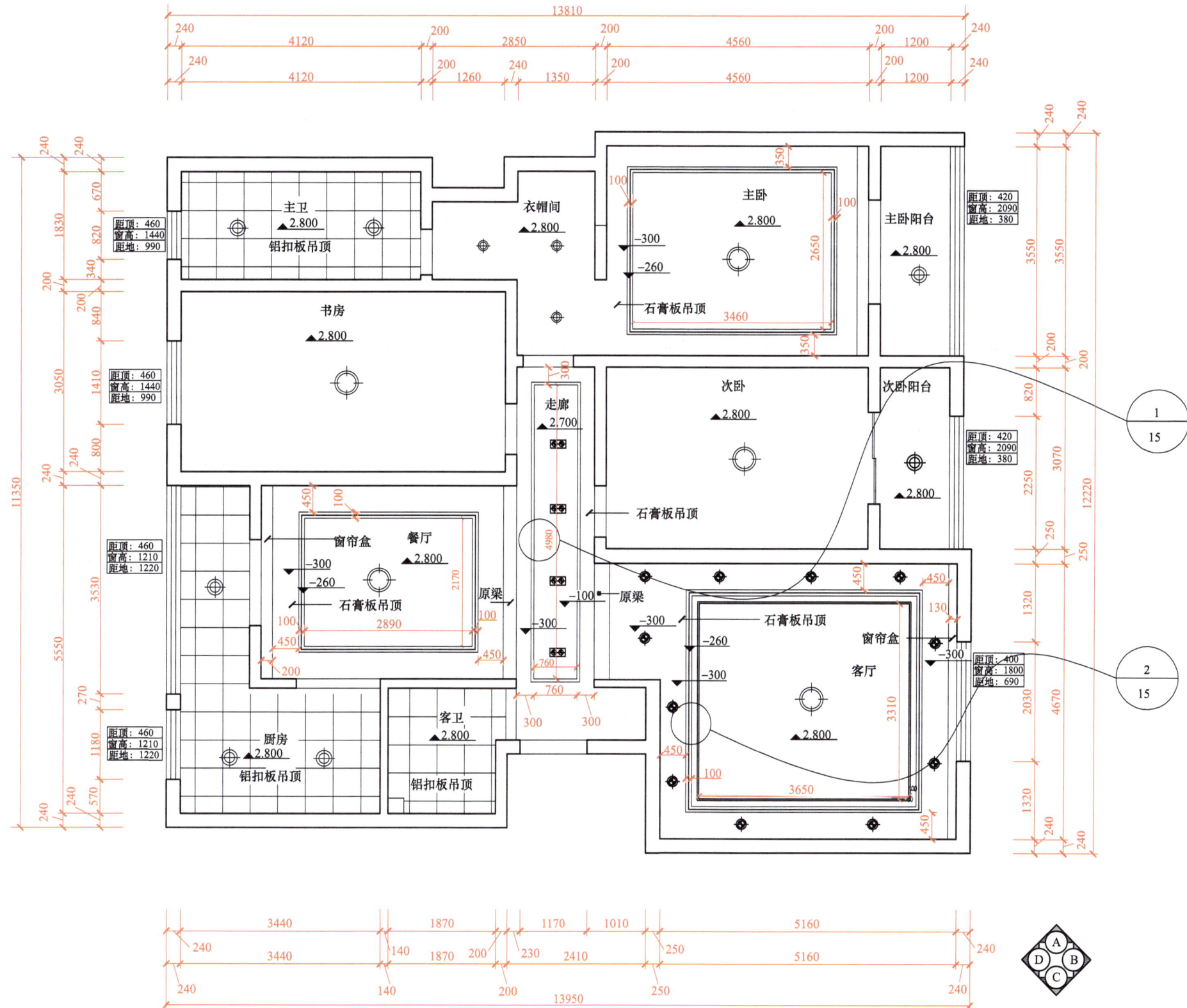

Notes
说明

REV
修订

CHECKED
校对

APPROVED BY
审核

Legend
图例

造型花灯
吸顶吊灯
射灯
双头斗胆灯
暗藏灯管
导轨射灯
防水吸顶灯
浴霸
排气扇

PROJECT
项目名称

港澳花园雅居

DRAWING TITLE
图名

天花布置图

DRAWING NO.
图号   DE-09

SCALE
比例
PROJECT REF：D090328
项目档案

Customer Signature
客户签字

理解此图　同意施工

主卫
▲2.800
铝扣板吊顶

书房
▲2.800

衣帽间
▲2.800

主卧
▲2.800
石膏板吊顶
−300
−260

主卧阳台
▲2.800

走廊
2.700

次卧
▲2.800
石膏板吊顶

次卧阳台
▲2.800

窗帘盒   餐厅
▲2.800
−300
−260
石膏板吊顶
原梁

石膏板吊顶
−300
−260
窗帘盒
客厅
▲2.800
原梁
−100
−300
−300

厨房
▲2.800
铝扣板吊顶

客卫
▲2.800
铝扣板吊顶

13810
240 4120 200 2850 200 4560 200 1200 240
240 4120 200 1260 240 1350 200 4560 200 1200 240

距顶：460 窗高：1440 距地：990
距顶：460 窗高：1440 距地：990
距顶：460 窗高：1210 距地：1220
距顶：460 窗高：1210 距地：1220

距顶：420 距地：380
距顶：420 窗高：2090 距地：380
距顶：400 窗高：1800 距地：690

240 240
240 240
11350
1830 670
820
200 340
840
3050 1410
800
240 240
3530
5550 270
1180
570
240

3550 3550
350
100
2650
100
3460
200
820
2250 3070 12220
250 250
1320
130
2030 4670
3310
3650
1320
240 240

4980
2170
2890
450 100
100
450
450
760
760
300 300
450
100
450
130
450

3440 1870 1170 1010 5160
240 3440 140 1870 200 230 2410 250 5160 240
240 140 200 250 240
13950

1
15

2
15

A
D   B
C

11

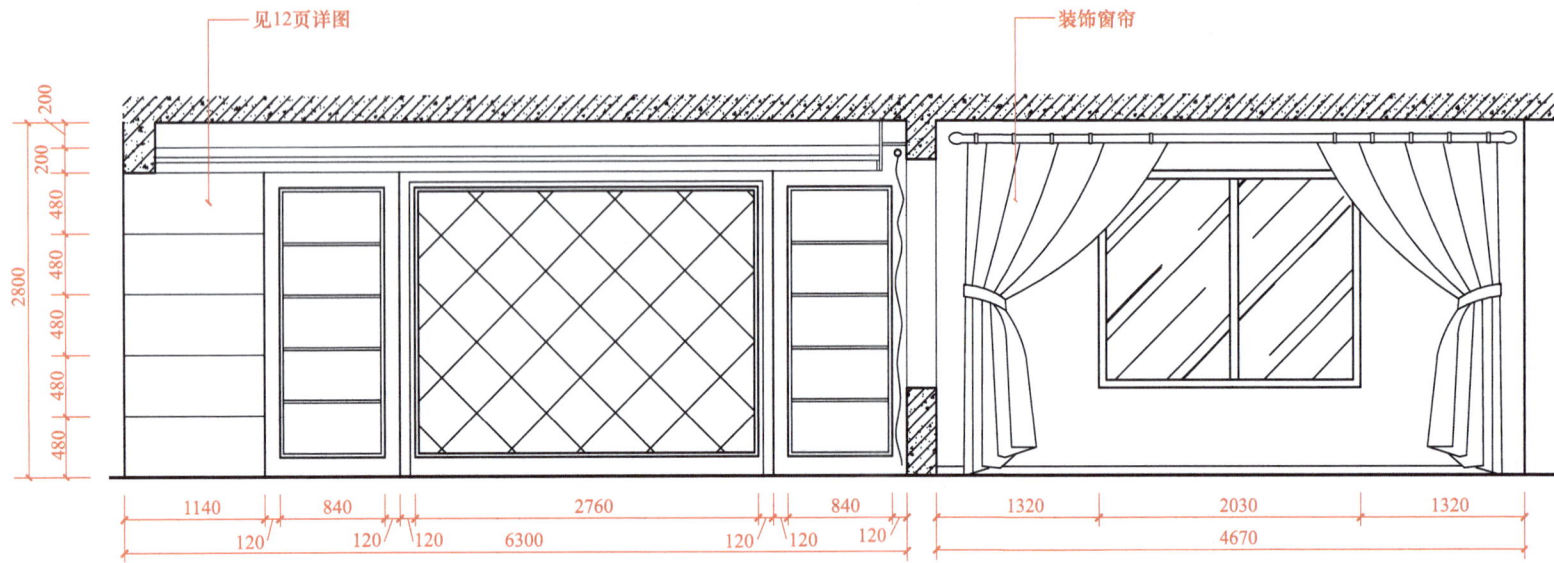

见12页详图　　　　　　　　装饰窗帘

2800
200
200
200
480
480
480
480
480
480

1140　　840　　2760　　840
120　120　120　6300　120　120　120

1320　　2030　　1320
4670

客厅A立面图　　　　　　　客厅B立面图

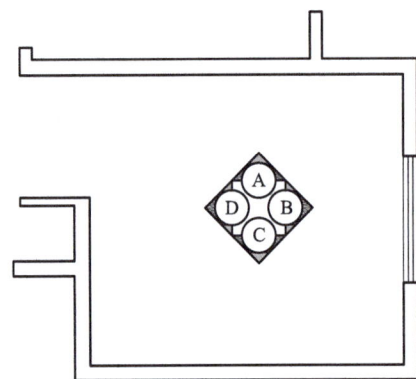

A
D　B
C

客厅平面图

轻钢龙骨石膏板吊顶，暗藏灯带　　　轻钢龙骨石膏板吊顶，暗藏灯带

原墙处理，饰面乳胶漆　　　　　　　装饰画

瓷砖加工踢脚线　　　　　　　　　　瓷砖加工踢脚线

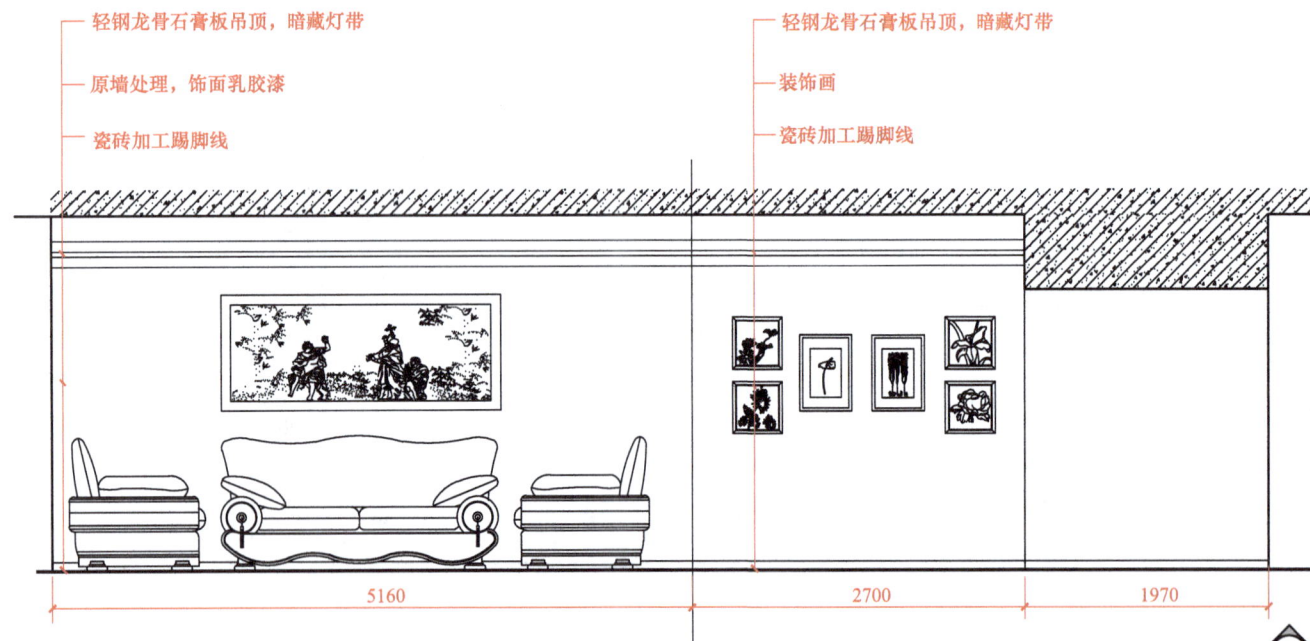

5160　　　　　　　　　2700　　1970

客厅C立面图　　　　　　　客厅D立面图

D A
B
C

Notes
说明

REV
修订

CHECKED
校对

APPROVED BY
审核

Legend
图例

PROJECT
项目名称

港澳花园雅居

DRAWING TITLE
图名

客厅施工图

DRAWING NO.
图号　　DE-10

SCALE
比例
PROJECT REF：D090328
项目档案

Customer Signature
客户签字

理解此图　同意施工

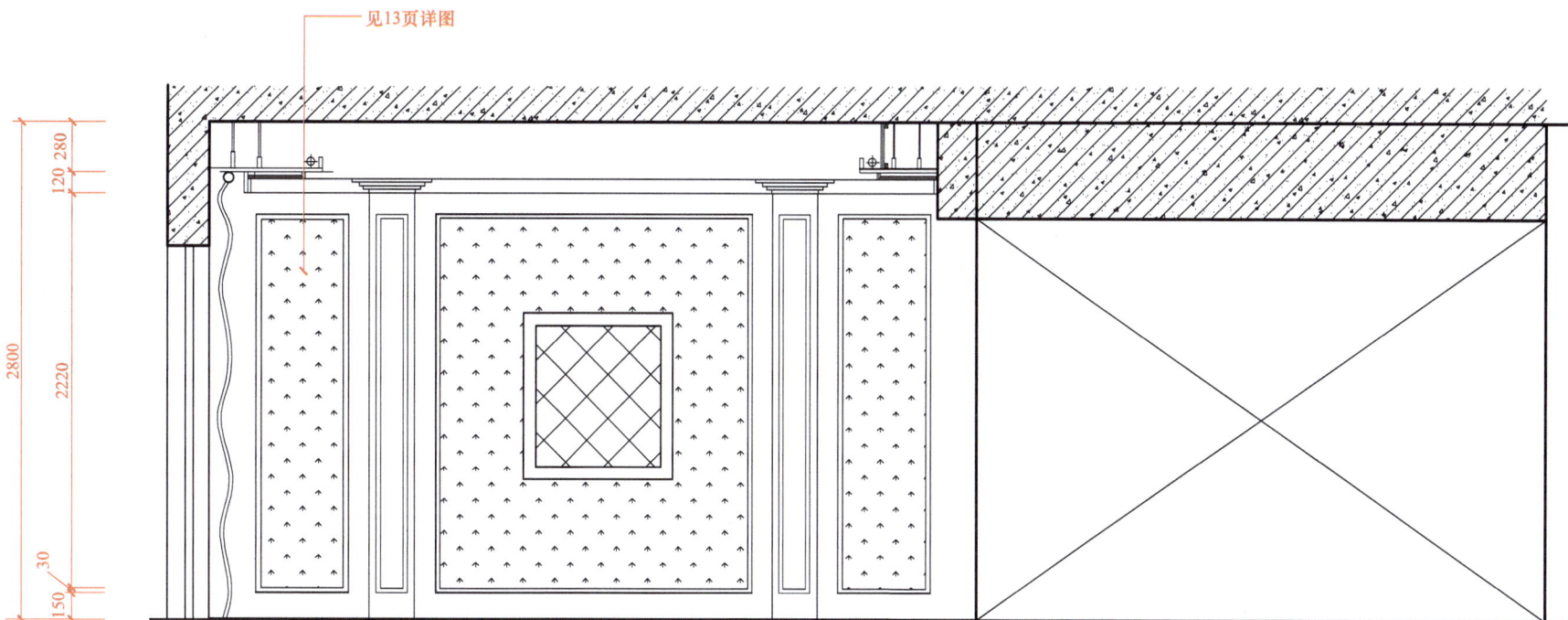

见13页详图

120 280
2800
2220
150 30

餐厅A立面图

餐厅B立面图

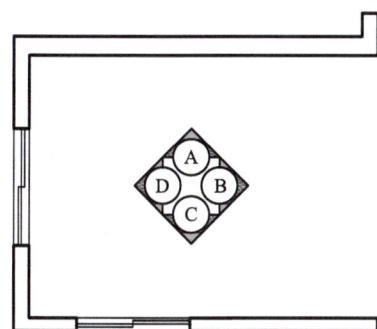

A
D   B
C

餐厅平面图

轻钢龙骨石膏板吊顶，暗藏灯带   定做成品装饰套   原墙处理，饰面乳胶漆

原墙处理，饰面乳胶漆   装饰推拉门   定做成品装饰套

瓷砖加工踢脚线   装饰推拉门

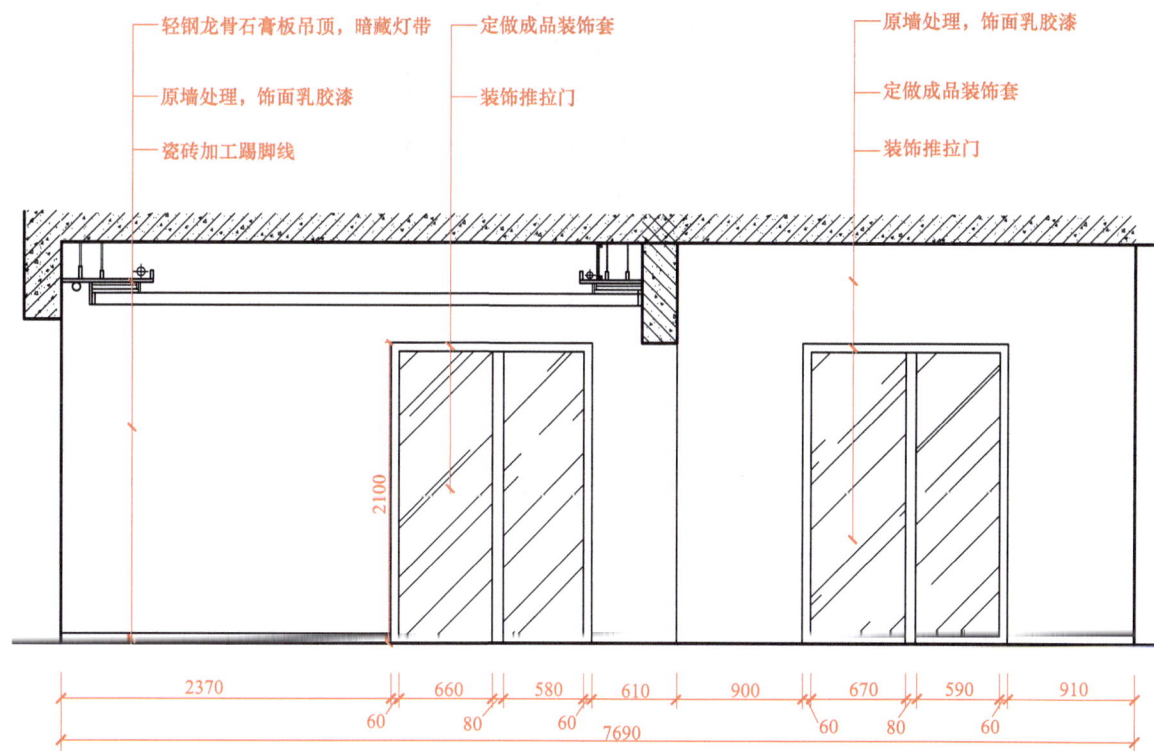

2100

2370   660   580   610   900   670   590   910
      60   80   60   60   80   60
                    7690

A
D   B
C

餐厅C立面图   餐厅D立面图

Notes
说明

REV
修订

CHECKED
校对

APPROVED BY
审核

Legend
图例

PROJECT
项目名称

港澳花园雅居

DRAWING TITLE
图名

餐厅施工图

DRAWING NO.
图号   DE-11

SCALE
比例
PROJECT REF：D090328
项目档案

Customer Signature
客户签字

理解此图   同意施工

13

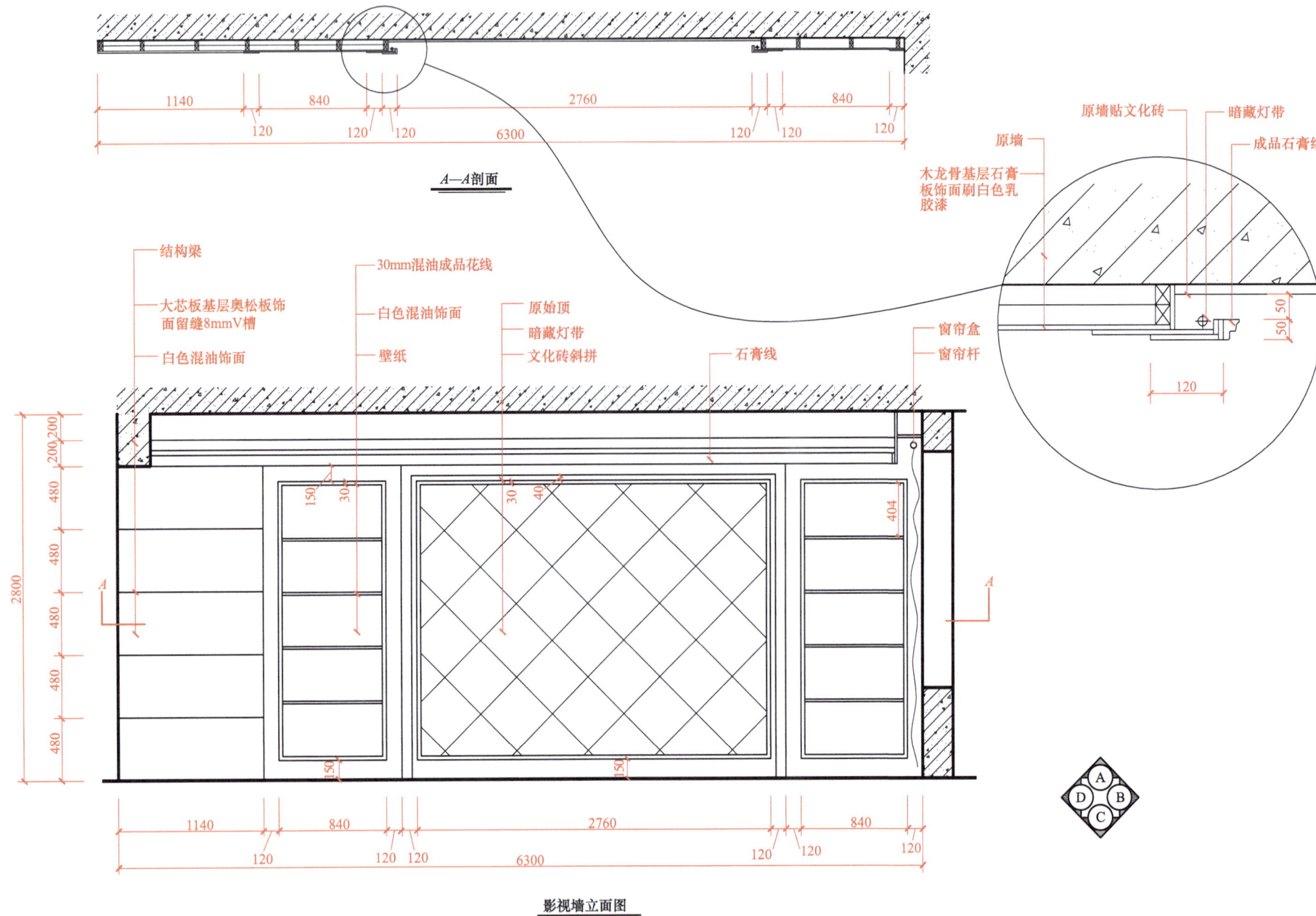

A—A剖面

1140　　840　　2760　　840
120　120　120　120　120　120
6300

原墙　原墙贴文化砖　暗藏灯带
木龙骨基层石膏板饰面刷白色乳胶漆　成品石膏线

50　50
120

结构梁

30mm混油成品花线

大芯板基层奥松板饰面留缝8mmV槽

白色混油饰面

白色混油饰面

壁纸

原始顶

暗藏灯带

文化砖斜拼

石膏线

窗帘盒
窗帘杆

2800
200 200
480
480
480
480
480

150 30
30 40
404

150　150

A　A

1140　　840　　2760　　840
120　160 120　120 120　120
6300

影视墙立面图

Notes
说明

REV
修订

CHECKED
校对

APPROVED BY
审核

Legend
图例

PROJECT
项目名称

港澳花园雅居

DRAWING TITLE
图名

客厅装饰墙施工图

DRAWING NO.
图号　DE-12

SCALE
比例
PROJECT REF：D090328
项目档案

Customer Signature
客户签字

理解此图　同意施工

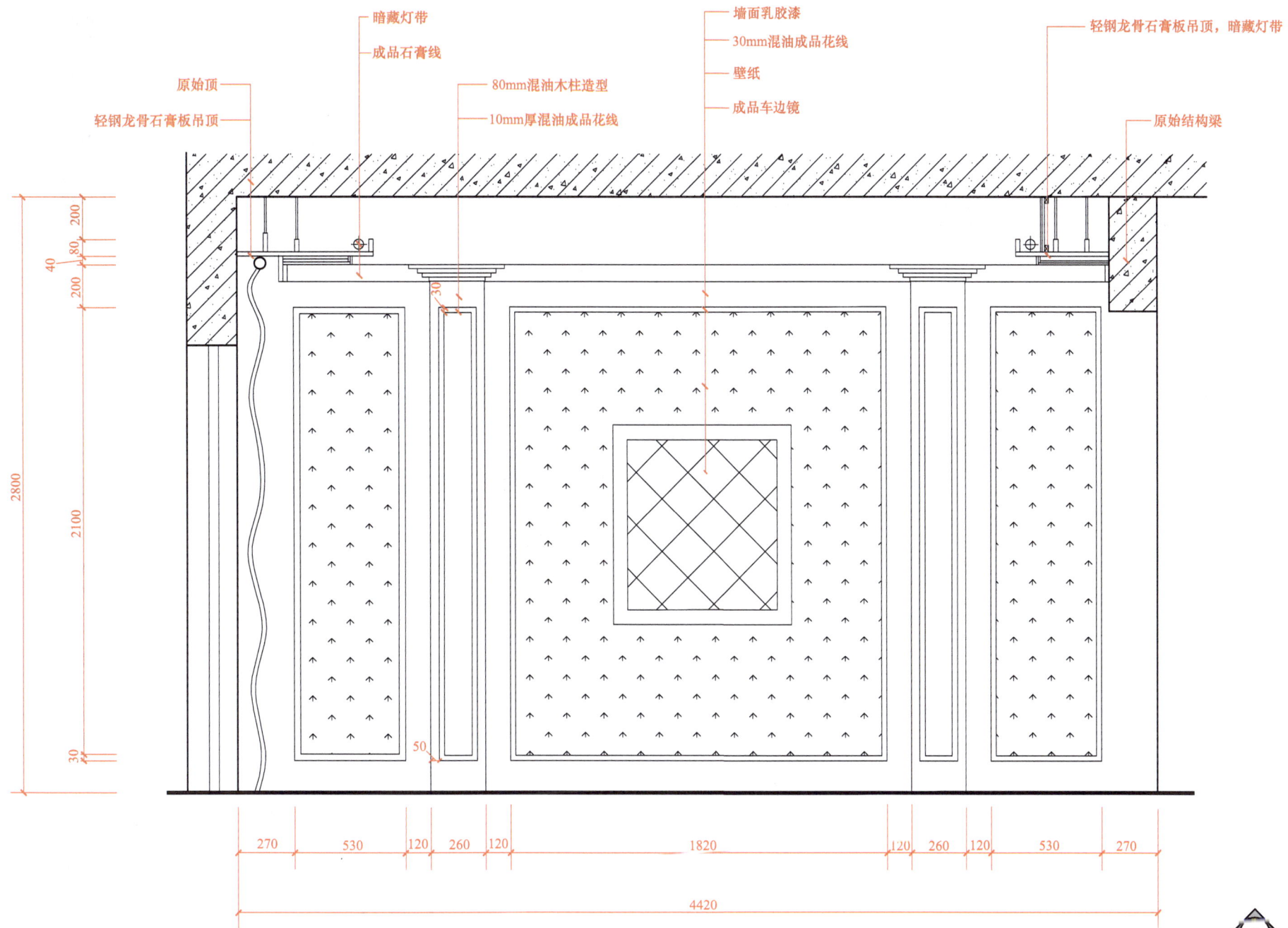

Notes
说明

REV
修订

CHECKED
校对

APPROVED BY
审核

Legend
图例

PROJECT
项目名称

港澳花园雅居

DRAWING TITLE
图名

餐厅装饰墙施工图

DRAWING NO.
图号   DE-13

SCALE
比例
PROJECT REF：D090328
项目档案

Customer Signature
客户签字

理解此图 同意施工

暗藏灯带
成品石膏线
原始顶
轻钢龙骨石膏板吊顶
80mm混油木柱造型
10mm厚混油成品花线
墙面乳胶漆
30mm混油成品花线
壁纸
成品车边镜
轻钢龙骨石膏板吊顶，暗藏灯带
原始结构梁

200
200
40
80
200
2800
2100
30
30
50

270 530 120 260 120 1820 120 260 120 530 270
4420

餐厅A立面图

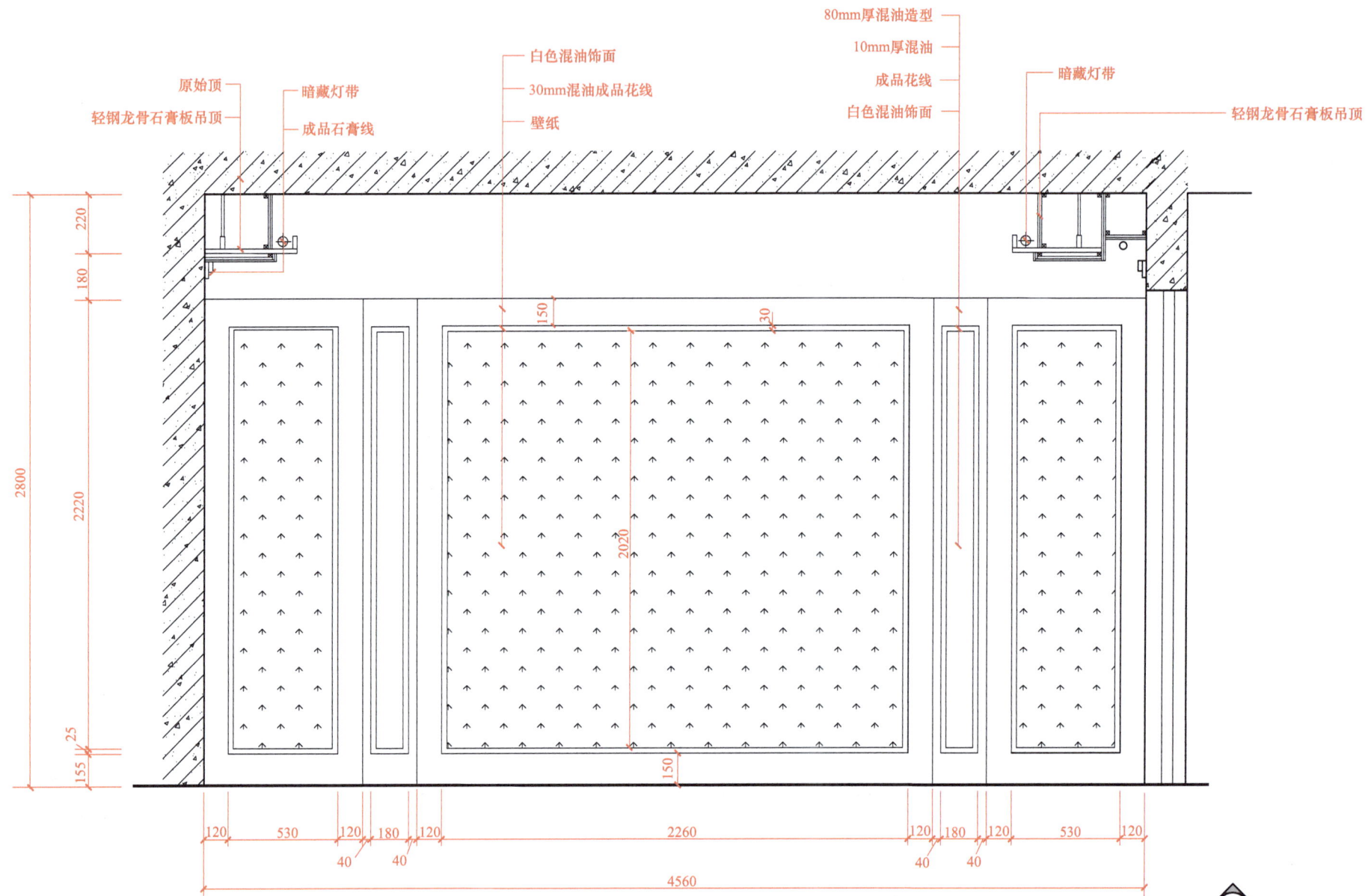

主卧背景墙立面图

Notes
说明

REV
修订

CHECKED
校对

APPROVED BY
审核

Legend
图例

PROJECT
项目名称

港澳花园雅居

DRAWING TITLE
图名

主卧背景墙施工图

DRAWING NO.
图号　DE-14

SCALE
比例
PROJECT REF：D090328
项目档案

Customer Signature
客户签字

理解此图　同意施工

原始顶
轻钢龙骨石膏板吊顶
暗藏灯带
成品石膏线
白色混油饰面
30mm混油成品花线
壁纸
80mm厚混油造型
10mm厚混油
成品花线
白色混油饰面
暗藏灯带
轻钢龙骨石膏板吊顶

220
180
2800
2220
25
155
150
130
2020
150

120　530　120　180　120
40　40
2260
120　180　120　530　120
40　40
4560

16

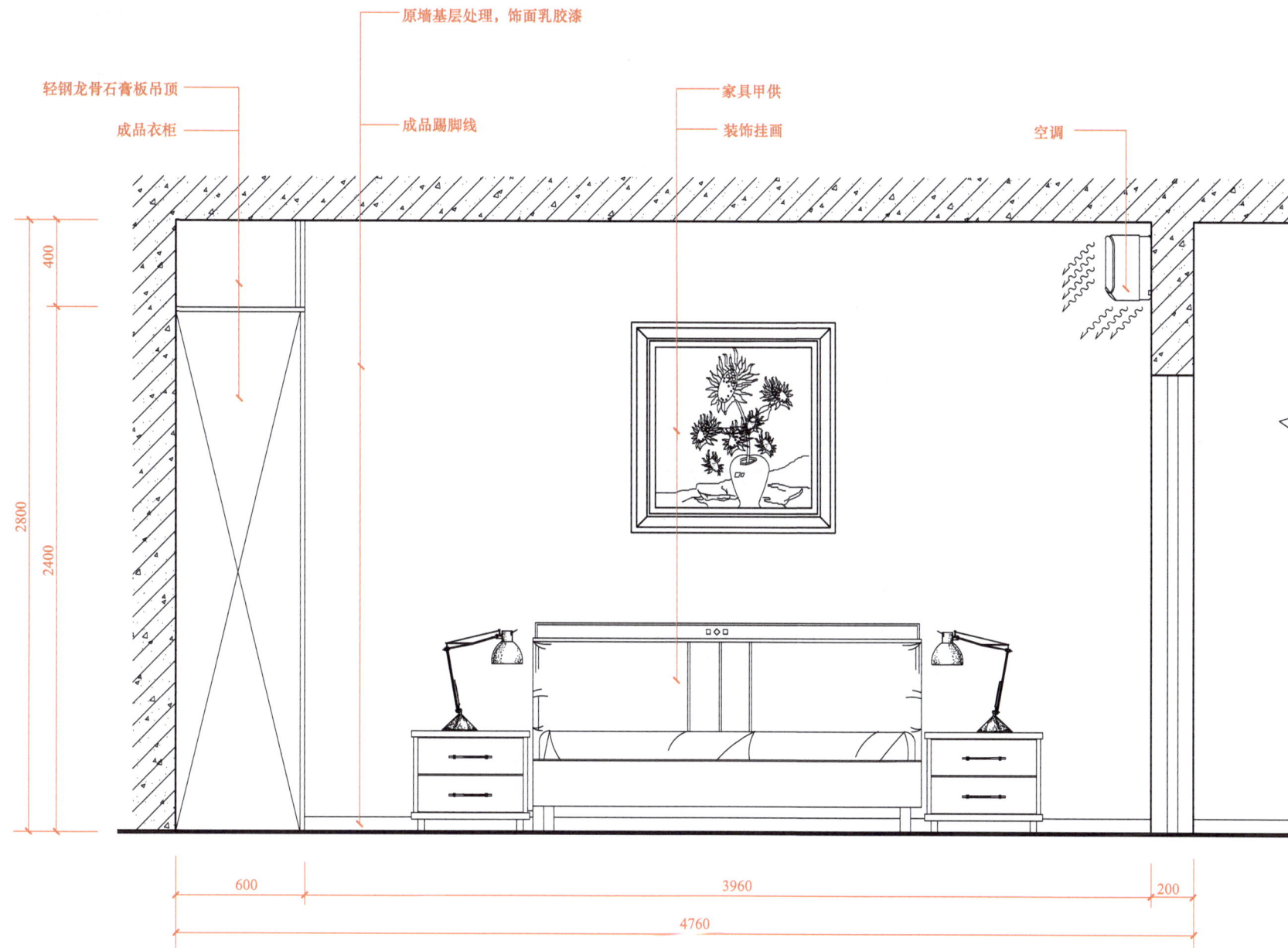

次卧背景墙立面图

轻钢龙骨石膏板吊顶

成品衣柜

原墙基层处理，饰面乳胶漆

成品踢脚线

家具甲供

装饰挂画

空调

400

2800

2400

600

3960

200

4760

Notes
说明

REV
修订

CHECKED
校对

APPROVED BY
审核

Legend
图例

PROJECT
项目名称

港澳花园雅居

DRAWING TITLE
图名

次卧背景墙施工图

DRAWING NO.
图号   DE-15

SCALE
比例
PROJECT REF：D090328
项目档案

Customer Signature
客户签字

理解此图   同意施工

Notes
说明

REV
修订

CHECKED
校对

APPROVED BY
审核

Legend
图例

龙骨骨架
石膏板封平
暗藏灯带
定制石膏花线

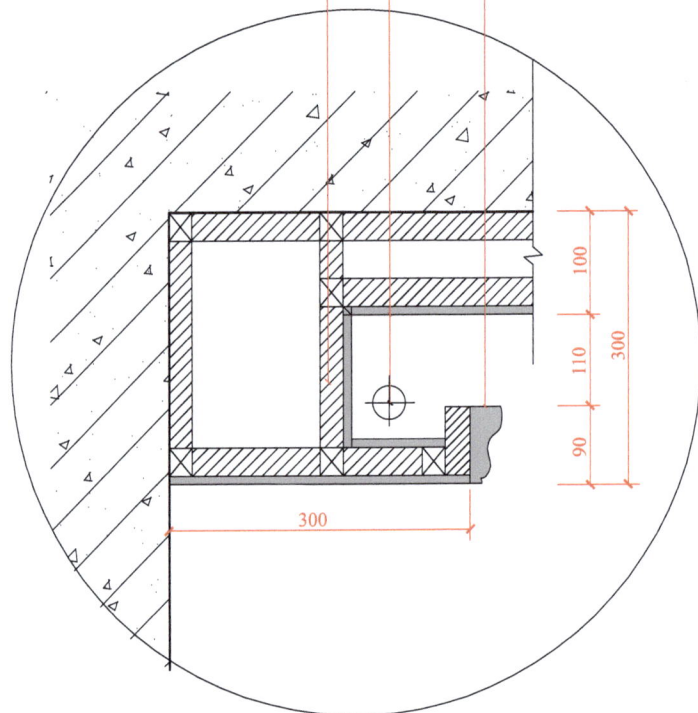

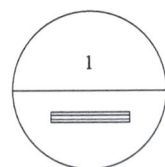

100
300
110
90
300

轻钢龙骨骨架
双层石膏板
灯带
定制石膏花线

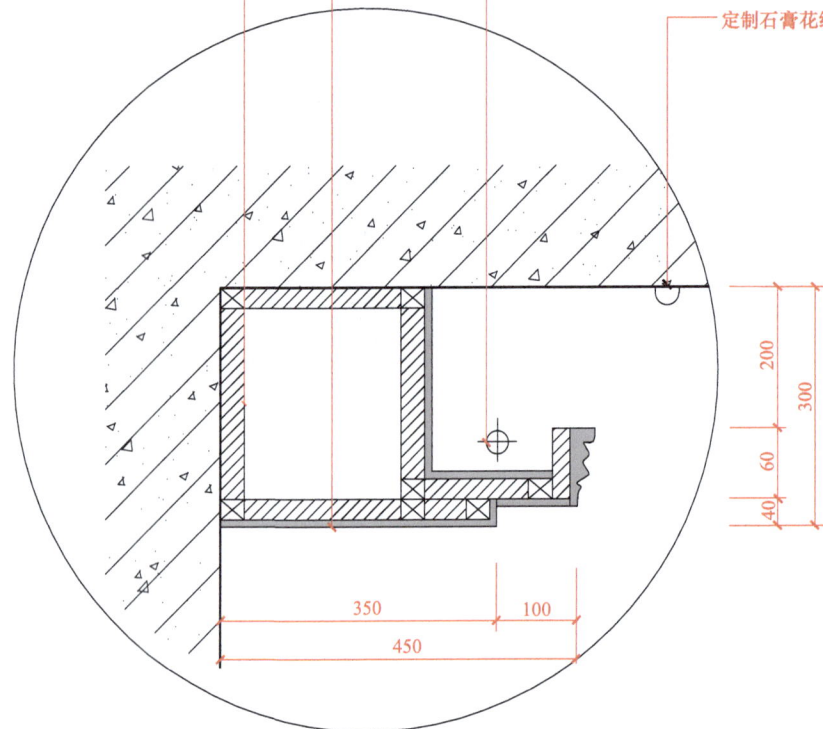

200
300
60
40

350
100
450

1

2

A
D   B
C

PROJECT
项目名称

港澳花园雅居

DRAWING TITLE
图名

吊顶大样图

DRAWING NO.
图号   DE-16

SCALE
比例
PROJECT REF：D090328
项目档案

Customer Signature
客户签字

理解此图　同意施工

18

石膏板封平，外涂乳胶漆
18mm大芯板+18mm实木柜体板，饰面3mm澳松板，混油中级工艺
五金件（衣杆）甲供
9mm板材衬底，饰面壁纸
推拉门下轨道预留15mm

18mm实木柜体板表面，内部裤架
18mm实木柜体板表面，内部围巾格
五金件（衣杆）

推拉门轨道位置

200
400
2690
1516
450均分
70

40 530 700 540 40
1850

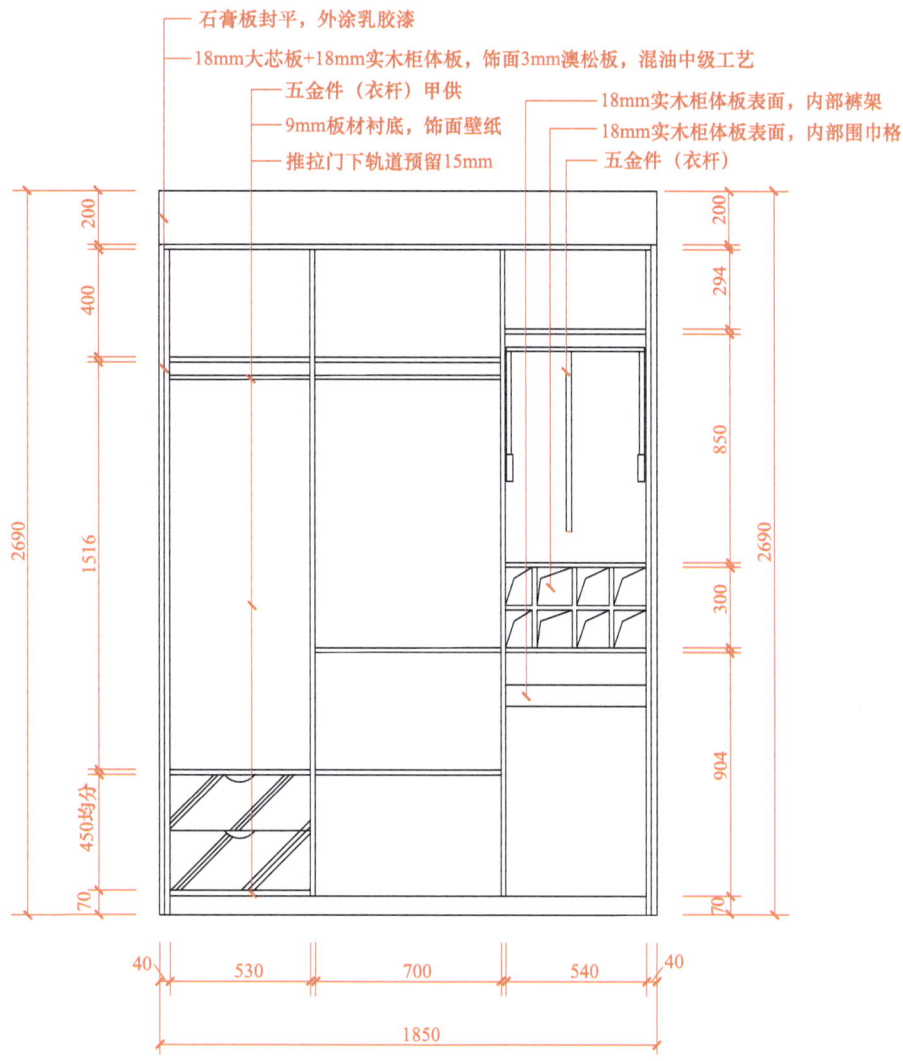

次卧衣柜内部结构正视图

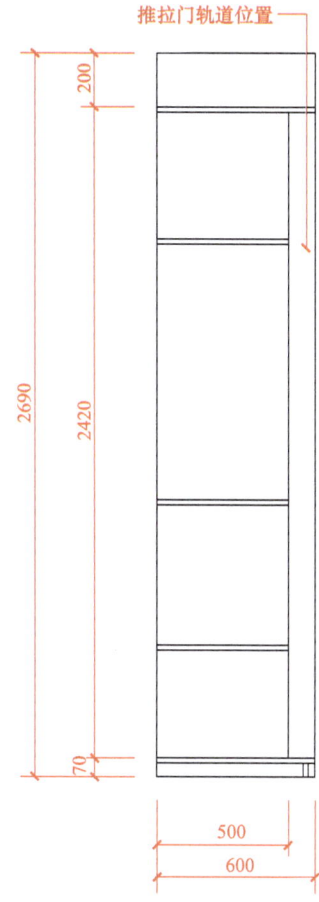

200
294
850
2690
300
904
70

500
600

次卧衣柜侧视图

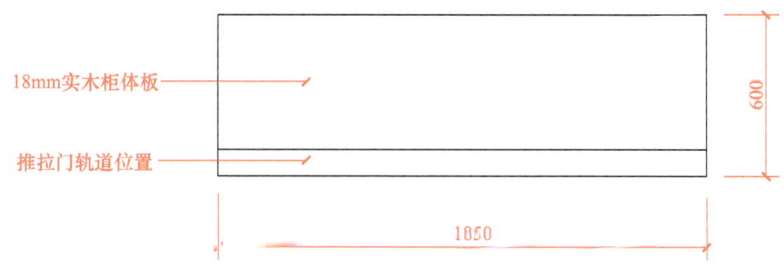

18mm实木柜体板

推拉门轨道位置

600

1850

次卧衣柜俯视图

特注：推拉门做三扇

Notes
说明

REV
修订

CHECKED
校对

APPROVED BY
审核

Legend
图例

PROJECT
项目名称

港澳花园雅居

DRAWING TITLE
图名
次卧衣柜施工图

DRAWING NO.
图号 DE-17

SCALE
比例
PROJECT REF：D090328
项目档案

Customer Signature
客户签字

理解此图 同意施工